D1732493

Luzern

Vierwaldstättersee

Vom Kern

Sachseln

Älggi

Impressum:

© 1998 Kontrast Hardstrasse 219 CH-8005 Zürich

Redaktion: Christian Schmidt
Produktion: Koni Nordmann & Monique Zumbrunn
Fotografische Vergrösserungen: Elisabeth Rufer
Buchherstellung: freiburger grafische betriebe

Buchgestaltung & Satz:
Alberto Vieceli, *1965 Ausbildung an der Grafikfach-
klasse der Schule für Gestaltung Zürich, seit 1996
eigenes Atelier für visuelle Gestaltung in Zürich,
1996 Preis «Goldener Hase» für die beste Buchgestaltung
(vergeben von *Hochparterre* und *10vor10*)

© für Texte und Fotos beim Verlag
Alle Rechte vorbehalten

ISBN 3-9521287-2-4

der Schweiz

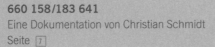

Dank:
Beobachter
Bundesamt für Kultur
Bundesamt für Landestopographie
Bundesamt für Raumplanung – Walter Schärer
Kanton Obwalden
Winterthur und Credit Suisse Group

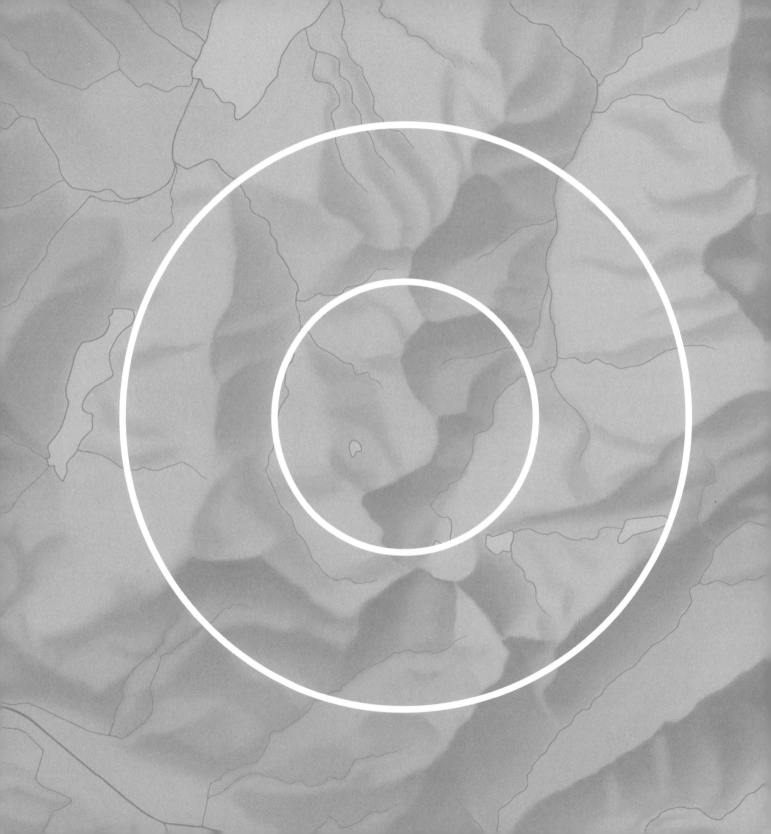

Moritz Leuenberger **Älggi ist überall**

Würde die Schweiz entlang ihren heutigen Grenzen ausgeschnitten, sie hätte ihr Gleichgewicht in 1650 Meter Höhe über Meer, auf der Alp Älggi im Kanton Obwalden. Älggi ist der geographische Mittelpunkt der Schweiz. Nur, stimmt das? Was wäre, wenn das Gewicht der Berge eingerechnet würde? Oder das Gewicht der Wirtschaft? Das Gewicht der Bevölkerung? Wo würde der Mittelpunkt der Schweiz dann liegen? Und was wäre, wenn Fürst Metternich und seine Kollegen 1815 anders entschieden hätten, wenn der Wiener Kongress die Kantone Wallis, Genf und Neuenburg nicht der Schweiz zugeschlagen hätte? – Die Erde dreht sich, und mit ihr bewegt sich auch die Mitte. In tausend Jahren wird sich das Zentrum unseres Landes möglicherweise nicht mehr auf dem Älggi befinden; die Alp wird in den Durchschnitt der anderen Alpen zurücksinken. Dennoch handelt dieses Buch allein vom Älggi. Es porträtiert das geographische Herz der Schweiz, so, wie es heute schlägt. Es zeigt das Aussergewöhnliche dieser Region, und es zeigt das Gewöhnliche. Älggi ist ein Ort, der gleichzeitig in der Mitte und am Rand steht. Beides, das Gewöhnliche und das Aussergewöhnliche, gehören zueinander. Die Menschen, ihr Wissen, ihr Besitz, ihre Werte sind so mobil geworden, dass sich Rand und Mitte nicht mehr trennen lassen. Es gibt heute viele Mitten und viele Ränder. Wir sind inmitten der Welt, die Welt ist mitten unter uns; damit auch Reichtum und Armut, Schönheit und Schrecken, Krieg und Frieden. Was hilft es den Menschen im Älggi, wenn wir den Lastwagen aus der Europäischen Union die Durchfahrt erschweren, der Umwegverkehr über Frankreich und Österreich aber auch ihre Bannwälder schädigt? Wird ihr Leben sicherer, wenn wir die Atomkraftwerke in der Schweiz abstellen und gleichzeitig Atomstrom aus dem Ausland beziehen? Können die Menschen auf dieser Alp Menschenrechtsverletzungen in anderen Ländern mit Gleichgültigkeit begegnen, wenn sie doch an deren Folgen mittragen müssen? Wenn wir von der Alp Älggi sprechen, so sprechen wir zugleich von der Welt. Die Welt ist klein und doch so gross, dass ihre Mitte nicht mehr zu finden ist. Auch im Älggi nicht. Älggi ist überall.

660 158
183 641

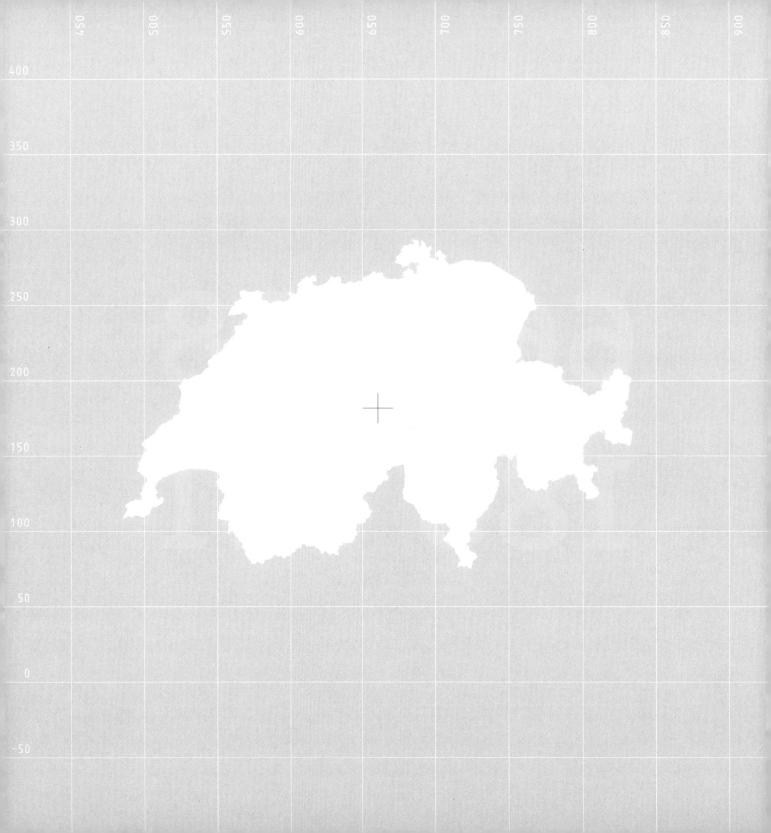

Christian Schmidt **660 158/183 641**

Der Weg zum Mittelpunkt der Schweiz führt vorerst zu einem Amt: Wabern bei Bern, Seftigenstrasse 264. Denn hier ist die richtige Adresse für die grundlegende Frage: Weshalb noch eine Mitte? Die Schweiz hat ihr politisches Zentrum, Bern, sie hat ihren wirtschaftlichen Pol, Zürich, sie hat ihren historischen Attraktionspunkt, das Rütli, und sie hat das Matterhorn, für die Gäste. Nun drängt sich eine Alp in diesen Kreis: die Alp Älggi, Kanton Obwalden.

Martin Gurtner, Vermessungsingenieur beim Bundesamt für Landestopographie und fasziniert vom *mental maping* – von unserer Fähigkeit, in finsterer Nacht ohne Kollision am Fernseher und Katzenkistli vorbei zum Kühlschrank zu finden –, weiss die Antwort. Sie ist simpel: das Jahr 1988. Damals stand der 150. Geburtstag des Bundesamtes an, und Gurtner sah die passende Gelegenheit gekommen, um endlich Klarheit zu schaffen. Endlich, denn immer wieder waren Fragen zum Mittelpunkt der Schweiz aufgetaucht, und jedesmal musste die Bevölkerung abgespeist werden: Man ahne zwar, in welchem Gebiet der zentralste Punkt der Eidgenossenschaft liege, aber in einem Land, das Präzision zu seinen Qualitäten zähle, genüge das nicht.

Auf den Entscheid folgten Diskussionen. Die Theorie, die korrekte Vermessungstechnik, musste zuerst geklärt werden. Denn je nach Ansatz würden sich verschiedene Ergebnisse zeigen, die Mitte ist nicht gleich der Mitte.

Zum Beispiel, sagt Gurtner, habe er den Mittelpunkt des grössten Kreises gesucht, der sich innerhalb der Landesgrenzen plazieren lasse. Das sei ein mögliches Zentrum der Schweiz. Ergebnis: nordwestlich von Thun bei Uetendorf. Er habe auch dem Mittelpunkt des kleinsten Kreises nachgeforscht, der die gesamte Schweiz mit ihren unruhigen Rändern umfasse, eine andere Technik, um die Mitte zu bestimmen. Resultat: das Escherhorn zwischen Grindelwald und Grimselpass. Oder eine dritte annehmbare Mitte wäre der Schnittpunkt jener Achsen, welche die entferntesten Punkte der Schweiz in der Nord/Süd- und der West/Ost-Richtung verbinden. Dieser Kreuzungspunkt käme bei Motto Crostel zu liegen, in den Bergen ob Faido in der Leventina.

Entschieden habe man sich aber für die vierte Technik. Weil, ein Blick auf die Karte ist Bestätigung genug, diese drei anderen Mitten nicht schön in die Mitte fallen. Faido als Zentrum! Diese vierte Technik aber versprach ein anderes Ergebnis. Sie ermittelt jenen Punkt, in dem das Land seine Balance findet, ja, sein inneres Gleichgewicht hat. Mit dieser Technik hatte das Amt auch schon etwas Erfahrung. Denn ein früherer Mitarbeiter, Knöpfli, hatte bereits einmal experimentiert. Er klebte eine Landkarte 1:300 000 auf ein Stück Karton, nahm eine Schere und schnitt die Schweiz den Grenzen nach aus. Anschliessend suchte er mit einer Nadel jenen Punkt, auf dem sich das Land in einen schwebenden Zustand versetzen liess. Das sei, nüchtern gesagt, der sogenannte Flächenschwerpunkt. Bereits mit dieser einfachen Ausschneidetechnik

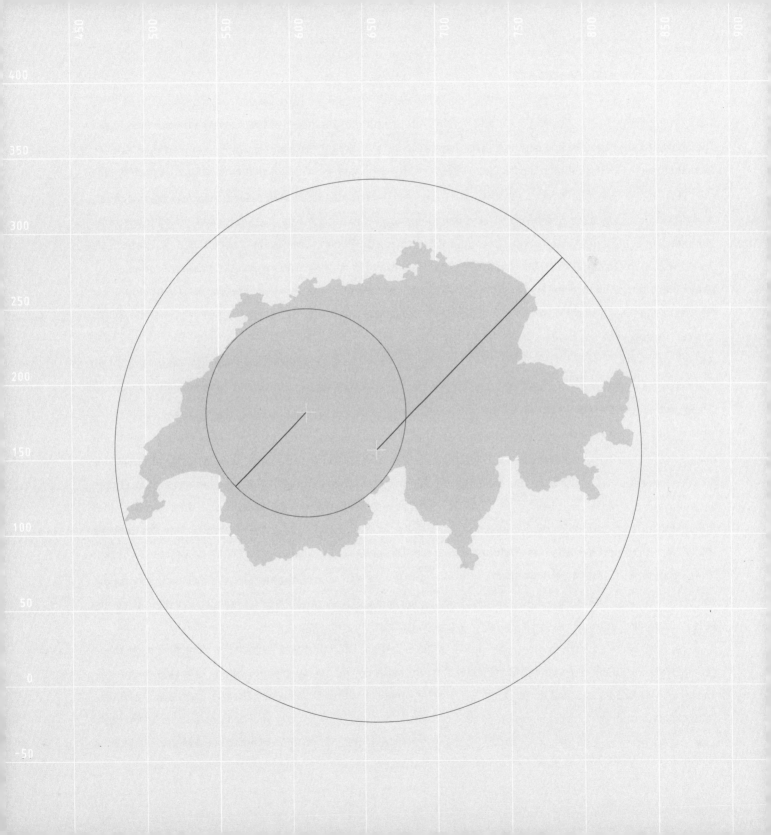

gelangte man ganz nahe zum nun errechneten Mittelpunkt: die Alp Älggi, Kanton Obwalden, 3 Stunden und 15 Minuten Fussmarsch ob Sachseln, Sachseln am Sarnersee.   Diese Mitte ist also keine

gottgegebene Auffälligkeit? Kein wunderlicher Steinkegel, der einst und unerklärlicherweise aus dem Boden trieb, keine Bergspitze, die als einzige unter sieben gleich hohen ohne Schnee ist, kein Stonehenge, kein Felsloch, durch das an einem bestimmten Tag die Sonne scheint? Keine Sensation? Nein. Diese Mitte ist mittels Computer und einer komplizierten Formel berechnet. Das geographische Zentrum der Schweiz ist somit in erster Linie eine Zahl. 660 158/183 641 will sagen: Älggi liegt 660 Kilometer und 158 Meter östlich sowie 183 Kilometer und 641 Meter nördlich vom Nullpunkt des geographischen Projektionssystems. Dieser Nullpunkt ist in der Nähe von Bordeaux, Frankreich.   Doch, obwohl auf Metergenauigkeit vermessen, trifft der Mittelpunkt der Schweiz nicht genau die Mitte: Der Triangulationspunkt auf dem Älggi steht nicht präzise im Zentrum der Schweiz. Das ist eine Neuigkeit. Gurtner: Mer händ es bitzeli bschisse. Wir mussten etwas schieben, um 500 Meter in südöstlicher Richtung. Denn die Zahl 660 158/183 641 trifft auf eine Felswand, die allein den Gemsen und Heidelbeeren gehört, umgestürzten Tannen und moosigen Steinen. Das sei nicht so günstig, weil dort niemand etwas davon habe. Jetzt sind wir etwas höher, sagt Gurtner, auf einer Kuppe im freien Gelände. Da gibt der Mittelpunkt etwas her.   Es macht also den Anschein, als sei diese Mitte eine eher bescheidene Angelegenheit: nichts als eine Zahl und erst noch der Bequemlichkeit zuliebe etwas verschoben. Also könnte sich das Zentrum auch an einem anderen Fleck der Schweiz befinden, mitten in einem Flachlandacker, auf dem Dach einer Fabrik, unter einer Autobahnbrücke, in einem See, auf dem Parkplatz eines Einkaufszentrums (oder etwas daneben, falls ein Hindernis im Weg steht).   Aber das ist eine Täuschung. Die Mitte traf das Älggi, weil sie keine andere Wahl hatte. Älggi ist das Ergebnis von zweitausend Jahren Geschichte. In der Nadelspitze, das ausgeschnittene Helvetien im Gleichgewicht haltend, konzentrieren sich die historischen und politischen Ereignisse des Landes, eine Vielzahl, die sich nicht fassen lässt.   Die Mitte traf das Älggi, weil nach dem Sturz Napoleons die Kantone Wallis, Neuenburg und Waadt zur Schweiz gefunden hatten, weil die eidgenössische Expansionspolitik gen Italien bei Marignano zum Stillstand kam, weil die Germanen in der Mitte des 3. Jahrhunderts die Grenzen aus dem süddeutschen Raum an den Rhein zurückzwangen, weil Julius Cäsar anno 58 v. Chr. die Helvetier in der Schlacht bei Bibracte an der Auswanderung nach Südwestfrankreich hinderte, weil die Kollision der nordafrikanischen und der europäischen Kontinentalplatten die Alpen aus dem Boden presste und somit natürliche Grenzen schuf. – Der Mittelpunkt ist entstanden als Spielzeug von Erdkräften, als

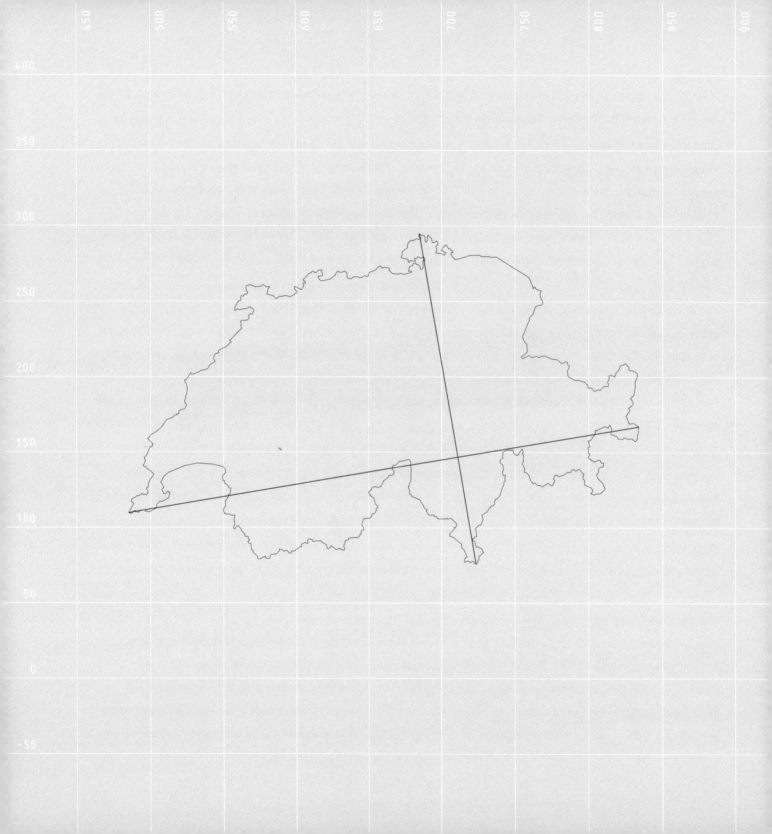

letzte Konsequenz kriegerischer Gemetzel und Ausmarchungen am grünen Tisch, als Folge von blaublütigen Hochzei-

ten und Erbgewinnen. Das Land wurde grösser, es wurde kleiner und wuchs wieder, das Zentrum hat sich mit diesen

Ereignissen bewegt, rollte wie die Kugel auf der schiefen Ebene hierhin, dorthin, zurück, um nun im Älggi Ruhe zu

finden.   Älggi ist eine würdige Mitte. Martin Gurtner, der Vermessungsingenieur an

der Seftigenstrasse 264, Wabern bei Bern, findet es bezeichnend, dass man in der Nähe des Mittelpunktes eine

Tanne fand, aus der ohne Zimmermannsarbeit ein Kreuz gehauen werden konnte. Der Querbalken war bereits in

richtiger Höhe mit dem Stamm verwachsen. Ich bin überhaupt nicht katholisch, sagt Gurtner, aber das passt

irgendwie schon hierher.

n Schmidt, *1955, Ausbildung am Institut für
stik der Universität Fribourg, Redaktor beim Schweizer
chutz, seit 1985 freischaffender Journalist in Zürich

Es Paradiesli

Den Mittelpunkt Europas berechnete 1989 das Institut Géographique
National, Frankreich. Im litauischen Dorf Purnuškis entstand darauf *Europas Parkas*,
ein Museum, das mit der Ausstellung von Werken weltweit bekannter Künstler
auf die Bedeutung dieses Punktes hinweisen will. Mit Arbeiten von
Dennis Oppenheim, Tei Kobayashi und Javier Cruz sowie dem einheimischen Bildhauer
Gintaras Karosas zählt es heute zu den meistbesuchten Orten Litauens.
Europas Parkas, 4013 Vilniaus raj., Litauen, Tel./Fax 00370 2 502 242

(EUR)

Beat Grossrieder **Es Paradiesli**

Kaum hat Bauer Werner Rohrer an diesem schwülen Juninachmittag für einen Augenblick von seinem Tagwerk abgelassen, die Pfeife angezündet und die breiten Unterarme auf die Stalltüre gestützt, da geht unverhofft ein Knistern durch die Luft und schiesst ein greller Blitz keinen Steinwurf entfernt exakt ins Dach der Kapelle. «Hiimmel-Härrgott!» entfährt es ihm, der als Älpler und Sigrist im Kirchlein nach dem Rechten schaut. Funken stieben über die Schindeln, Donner knallt, irgendwo bricht das Holz. Keine zwei Atemzüge lang dauert das Schauspiel, dann herrscht wieder Ruhe, es fällt kein Regentropf, und unbekümmert ziehen die Dohlen ihre Kreise am Himmel.

Rohrer stapft in Gummistiefeln zur Kapelle und schaut nach. Dass das Wetter in den Sachsler Bergen rasch umschlägt, ist ihm bekannt, schliesslich ist er schon den siebten Sommer im Älggi z' Alp. Aber so etwas? Der Blitz hat das Kapellendach dem Firstbalken entlang aufgeschlitzt, ist – einen zünftigen Spalt hinterlassend – durch die Mauer in die Sakristei gefahren und in den Schrank gejagt, hat dessen Türe weggesprengt und des Pfarrers Gewänder über den Boden verstreut. Gott sei Dank, hat es nicht gebrannt! Es wäre jammerschade gewesen um die schöne Kapelle. Und hätte man solches nicht als ein böses Omen vom Himmel deuten müssen? Der Sachsler Pfarrer Willy Gasser ist zwar der Ansicht, Arme Seelen und Berggeister seien bloss dem Aberglauben der Grossväter entsprungen. Dennoch wird er am folgenden Sonntag am Schluss der Predigt den Allmächtigen in die Älggi-Kapelle zitieren: «Bewahr iis vor Uwätter und Uglick!» *Wo d' Bäärgä zum Himmel uif stiigid der Graad i dä Wolkä chaisch gsee* Das Älggi steht fürwahr unter dem Schutz der Innerschweizer Alpengeister. Die haben sich zusammengerauft, um einem alten Zwist ein Ende zu machen. Seit der Gründung der modernen Schweiz anno 1848 lag man sich in den Haaren, wo denn exakt die Mitte des Landes sei. Die Gespenster von Uri reklamierten die Ehre genauso für sich wie die Nidwaldner, Obwaldner und Luzerner. Eines Tages wollte man die Sache ausmarchen. Und beschloss folgendes: Man würde jenen Ort zum Kern der Schweiz küren, der der Eigenart von Land und Leuten am meisten entspräche. Dem Sieger würde man zur Belohnung Schutz vor jedem fremden Einfluss angedeihen lassen, damit der Mittelpunkt bliebe, was er sei. So begann die Ausmarchung.

Älggi erreicht man per Fahrzeug von Sachseln oder Flüeli her, zu Fuss auch von Frutt, Melchtal oder Lungern. Vor der grossen Schneeschmelze hinzugehen macht keinen Sinn, denn winters ist die Alp, auf 1650 Meter gelegen, von der Welt abgeschieden. Einzig die Mitglieder des lokalen Skiklubs sind in dieser Zeit gelegentlich oben in ihrer heimeligen Hütte. Manches Fest habe man dort schon gefeiert, wie der Vorstand augenzwinkernd zu verstehen gibt. Sonst regiert die Stille, steht den Alphütten der Schnee bis zur Regenrinne, schleichen nur die kalten Nebel ums verlassene Bergheim und beim Eindunkeln das hungrige Wild.

Lebendiger wird es im Älggi, sobald die Strasse befahrbar ist. Kurz vor dem

Ort: Dorf Purnuškis
Zwanzig Kilometer nördlich von Vilnius in Litauen
Koordinaten: 25°19' Ost/54°54' Nord
Quelle: Institut Géographique National,
2/4, avenue Pasteur, F-94165 St-Mandé Cedex

EUR

Pfingstwochenende wird die Bergbeiz in Betrieb genommen – mit dem Frühlingsputz. Das Wirtepaar Margrith und Fredi von Flüe (Nachkomme des Bruder Klaus in 15. Generation) öffnet die Fensterläden und beseitigt die Spuren des Winters – tote Fliegen, Spinnennetze, Staub. Wahnsinnig sei es, wie mühsam die alten Häuser sauberzuhalten seien, meint die Wirtin, der Dreck hocke in den Ritzen. Dabei putze sie alles im voraus blitzblank, wenn sie Ende Oktober die Saison abschliesse. «Von vielen Gästen erhalte ich ein Lob, wie sauber alles im Älggi immer sei – das freut mich sehr.» An Pfingsten kommen die ersten Wanderer und Ausflügler. Ein paar von ihnen bleiben über Nacht; für die meisten aber sind die ungeheizten Schlafstuben noch zu kalt. Besser, man wartet auf den Sommer und den Höhepunkt der Alpzeit – den Alpaufzug. *Wo heech ob dä Wälder nu Alpweidä liggid und d' Bluämä sich spiäglid im See* Die Ausmarchung nahm ihren Lauf, und die Berggeister ergriffen je für ihr Herkunftsgebiet Partei. Dieser oder jener Ort sei für den Mittelpunkt der Schweiz gerade recht. Das Rütli, der Pilatus, Lungern. Die Sachsler Geister aber sprachen sich für ihre Alp Älggi aus. Zufall ist es nicht, dass Sachseln im Volksmund «das geistige Zentrum der Schweiz» genannt wird. Niklaus von Flüe (1417–1487) hat hier gewirkt und Flüeli und Sachseln zu elf Kirchen und Kapellen (und einigen Hotels) verholfen. Ganz zu schweigen davon, was der Einsiedler für die Schweiz getan hat, als er zwei Tage vor Weihnachten 1481 dem Gesandten aus Stans mit auf den Rückweg gab: «Macht den Zaun nicht zu weit.» Der Sachsler ist der einzige Schweizer, der vom Vatikan je heiliggesprochen worden ist. Obwohl seither fünfzig Jahre vergangen sind, reisst der Strom der Pilger nach Sachseln und Flüeli nicht ab. Allein in geführten Gruppen sind es 100 000 Personen pro Jahr. Einmal, 1984, war Papst Johannes Paul II. unter ihnen. Von Flüe ist zu einem spirituellen Weltreisenden geworden: Heute gibt es Bruder-Klaus-Kirchen in Brasilien, Burundi, Südkorea, Mexiko. Erst 1997 ist in Novosibirsk, Sibirien, wieder eine auf seinen Namen geweiht worden; die Ostpriesterhilfe spendete Geld, das Dorf Sachseln eine Reliquie. Obwalden hat gerade sieben Gemeinden mit knapp 30 000 Einwohnern. Das reicht in Bern just fürs Minimum an parlamentarischer Vertretung: ein Nationalrat, ein Ständerat, in aller Regel männlich und von der Christlichen Volkspartei. Der Zwergkanton ist traditionell-demokratisch: Kantonale Geschäfte kommen nach wie vor an die Landsgemeinde. In den Dörfern gibt es die politische Gemeinde fürs Amtliche, die Bürgergemeinde oder Korporation fürs Landwirtschaftliche, die Kirchgemeinde fürs Religiöse. Bemerkenswert ist auch das hiesige Rechtsverständnis: Den letzten Menschen, der in der Schweiz hingerichtet worden ist, haben die Richter von Sarnen auf dem Gewissen. Sie verurteilten den Dreifach-Mörder Hans Vollenweider, der in Sachseln einen Polizisten erschossen hatte, zum Tod durch die Guillotine. Im Oktober 1940 wurde er geköpft, obschon die Eidgenossen bereits zwei Jahre zuvor an der Urne beschlossen hatten, die Todesstrafe abzu-

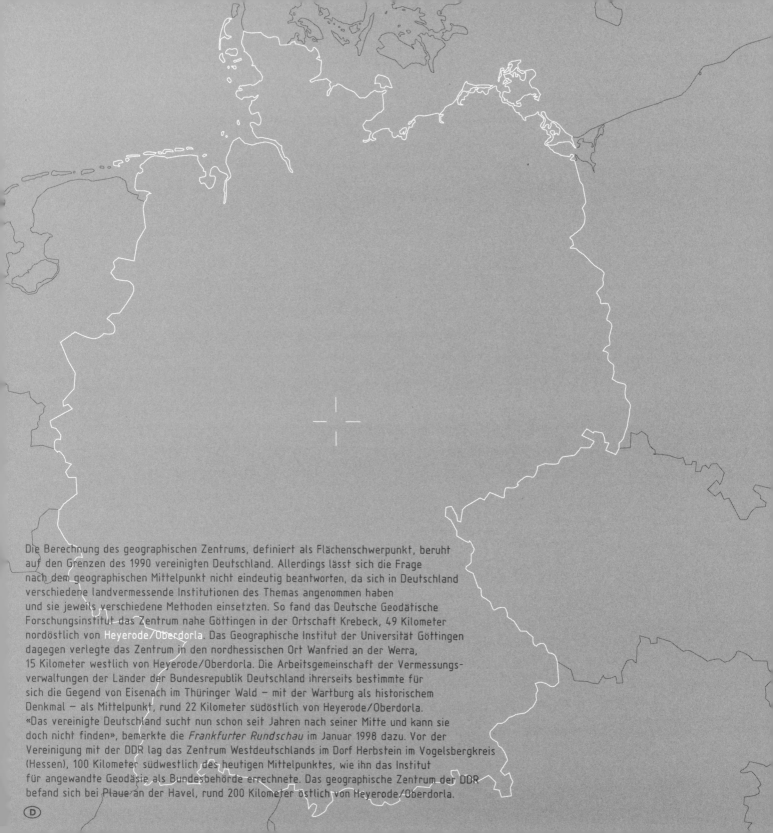

Die Berechnung des geographischen Zentrums, definiert als Flächenschwerpunkt, beruht auf den Grenzen des 1990 vereinigten Deutschland. Allerdings lässt sich die Frage nach dem geographischen Mittelpunkt nicht eindeutig beantworten, da sich in Deutschland verschiedene landvermessende Institutionen des Themas angenommen haben und sie jeweils verschiedene Methoden einsetzten. So fand das Deutsche Geodätische Forschungsinstitut das Zentrum nahe Göttingen in der Ortschaft Krebeck, 49 Kilometer nordöstlich von Heyerode/Oberdorla. Das Geographische Institut der Universität Göttingen dagegen verlegte das Zentrum in den nordhessischen Ort Wanfried an der Werra, 15 Kilometer westlich von Heyerode/Oberdorla. Die Arbeitsgemeinschaft der Vermessungs-verwaltungen der Länder der Bundesrepublik Deutschland ihrerseits bestimmte für sich die Gegend von Eisenach im Thüringer Wald – mit der Wartburg als historischem Denkmal – als Mittelpunkt, rund 22 Kilometer südöstlich von Heyerode/Oberdorla. «Das vereinigte Deutschland sucht nun schon seit Jahren nach seiner Mitte und kann sie doch nicht finden», bemerkte die *Frankfurter Rundschau* im Januar 1998 dazu. Vor der Vereinigung mit der DDR lag das Zentrum Westdeutschlands im Dorf Herbstein im Vogelsbergkreis (Hessen), 100 Kilometer südwestlich des heutigen Mittelpunktes, wie ihn das Institut für angewandte Geodäsie als Bundesbehörde errechnete. Das geographische Zentrum der DDR befand sich bei Plaue an der Havel, rund 200 Kilometer östlich von Heyerode/Oberdorla.

Ⓓ

schaffen. Die Obwaldner nutzten die Frist, die ihnen bis zur Einführung des neuen Strafgesetzes blieb. Sie hatten mehrheitlich gegen eine Abschaffung votiert.   Sachseln ist «Mustergemeinde» bei eidgenössischen Abstimmungen – so, wie man hier stimmt, tut es meist die Mehrheit der Schweizerinnen und Schweizer. Den Beitritt zum EWR haben die Einwohner 1992 mit 72 Prozent Nein-Stimmen verworfen, die Armeeabschaffung 1989 mit 78 Prozent. Der Kulturförderung hat sich das Dorf 1994 genauso verweigert wie der erleichterten Einbürgerung junger Ausländer und den UNO-Blauhelmen. Der einzige Politiker aber, der es aus den Urkantonen je bis in den Bundesrat schaffte, war der Sachsler Ludwig von Moos, zwischen 1960 und 1971 zweimal Bundespräsident.   Der Alpaufzug ins Älggi ist, je nach Wetter, zwischen Mitte und Ende Juni. Die Älpler schmücken ihr Vieh mit den grössten Glocken und Treicheln, die sie haben. Mancher steckt sich selbst ein Kraut an den Hut und einen Juz in den Mund. Mit gezücktem Haselstock und gutem Zuruf werden die Kühe und Rinder, überall auf der Strasse dampfende Haufen hinterlassend, noch vor Mittag ans Ziel gebracht. Die Tiere würden sich freuen, auf die Alp zu gehen, meint Bauer Werner Rohrer, der jede Kuh im Älggi bereits am Ton der Glocke erkennt. Das ältere Vieh, das schon z' Alp gewesen sei, beginne vor Freude jeweils zu schwänzeln, wenn es nur schon höre, wie er die Glocken hervornehme.   Kaum haben die Herden den Älggi-Boden erreicht, schwärmen sie über die Hochebene aus und beginnen zu grasen. Die Bauern hocken bei Margrith von Flüe unters Vordach, wo sie «Kafi Chrüter» offeriert bekommen. «Für mich sind die Älpler besonders liebe Gäste», sagt die Wirtin. Nach der zweiten Runde müssen die Bauern los. Das Vieh wird auf die Matten getrieben. Ist es versorgt, machen sich die Älpler auf den Weg zu den Hütten. Türen und Fenster werden aufgesperrt, damit wieder Licht in die winterstarren Räume kommt. Schleifend fährt der Reisigbesen über die Betonböden, bald hört man das Beil das Holz spalten und sieht den Rauch dem Kamin entsteigen. Am Abend wird die erste Alpenmilch der Saison ins Kessi fliessen, und noch vor Sonnenaufgang wird daraus Käse geworden sein.   Damit ist im Älggi die jährliche Glanzzeit angebrochen. Munter grast in der Ricolakräuterzuckerlandschaft jetzt das Vieh, in eine Begleitmusik aus hellen Glockentönen gehüllt, die nie mehr abklingen wird, auch in den lauen Nächten nicht. Jetzt wird gegrast und gemolken und gekäst, dass es eine Freude ist. Tag für Tag in der Herrgottsfrüh gehen in den zehn Alphütten, die im Halbkreis um die Kapelle stehen, die Lichter an. Rasch wischt sich der Älpler den Schlaf aus den Augen, klettert vom Heuboden die Holztreppe hinunter und macht sich ans Werk. «Chuum-sä-sä-sä!» hallt es in die Dunkelheit, aus der sich nach und nach die Hörner schälen. «Iine jetzig!» werden die Kühe in den Stall geschubst. Bald surrt im Schopf der Generator und keucht im Stall die Melkmaschine. Dann stellt der Älpler Incarom, Milch,

Ort: 30 Meter südlich der Strasse Heyerode-Oberdorla

Kreis Mühlhausen, Thüringen
Koordinaten: 10°22' Ost/51°10' Nord
Quelle: Institut für angewandte Geodäsie, Bundesbehörde
im Geschäftsbereich des Bundesministers
des Innern, Richard-Strauss-Allee 11,
D-60598 Frankfurt am Main

Brot und Bratkäse auf den Zmorgetisch. Der Tag ist so jung, dass man den fröstelnden Schlaf noch riechen kann, doch gibt es kein Zurück, man stellt am besten das Radio an, DRS eins, «Guten Morgen», Rätselquiz und Bibelspruch. «Ich gehe gerne z' Alp», sagt der Sohn von Werner Rohrer, der Stockematte-Jung, der an diesem Tag seinen Vater vertritt, oben sei es ein anderes Werken als unten im Tal, ihm gefalle dieses Einfache, und für das Käsen habe er einen Kurs an der Landwirtschaftsschule belegt. Schwierig sei, neben der Alp die Arbeit auf dem Hof auch noch zu machen, das Heuen und das Emden und überhaupt. «Wer aber die Wahl hat, im Tal zu schaffen oder auf der Alp, geht bestimmt lieber obsi.» Die meisten Älpler haben einen Subaru und fahren nach dem Melken hinab und nachmittags wieder zurück. Nach sieben Wochen, höchstens nach zwei Monaten sind die Weiden abgegrast und ist es wieder Zeit geworden für den Alpabzug.

Liid drunder zuächä, wiä d wiit chaisch ga suächä
uf bsunderbar liäblichi Wiis

1988 trafen sich die Berggeister zum entscheidenden Wettkampf – heimlich hatten sie sich in Bern verabredet, in den Büros des Bundesamtes für Landestopographie. Denn jener Ort, dem sie die Stimme geben würden, müsste Anrecht haben auf ein richtiges Denkmal. Also schlichen sie sich in die Amtsstuben, wo sie die Landesvermesser mit Zirkel und Rechner hantieren liessen, und kurze Zeit später war es offiziell: Die Mitte der Schweiz liegt in einer Felswand auf der Alp Älggi in Sachseln OW. Sachselns Topographie könnte für eine Innerschweizer Gemeinde nicht typischer sein. Vom tiefsten Punkt am Ufer des Sarnersees, 434 Meter über Meer, geht es stotzig aufwärts ins Gebirge bis auf 2272 Meter. Sieben Bäche rauschen durch zerklüftete Tobel, schiessen über spitze Klippen und durch feuchte Wälder dem Tal zu. Bei Rekrutenbefragungen schwingt Obwalden oft obenaus, wenn nach dem schönsten Kanton der Schweiz gefragt wird. Sachseln wäre zweifellos schmuck genug gewesen, als man über den Standort für ein bäuerliches Freilichtmuseum debattierte. 1965 schaffte es die Gemeinde bis in die letzte Runde. Die Kommission des Bundes wählte schliesslich den Ballenberg im Kanton Bern, obschon die Obwaldner für ihr Sachseln flammende Leitartikel in *Vaterland* und *Volksfreund* setzten. Das Vorhaben scheiterte, weil es die Sachsler Bauern reute, 45 Hektaren bestes Landwirtschaftsland abzutreten, das in der Allmend lag und vierzig Teilhabern Gras und Heu gab. Sich mit vierzig Bauern über Entschädigungen zu einigen war den Bundesbeamten nun doch zu ambitiös. Älggi selbst ist eine herbe Schönheit. Der Name stammt aus dem Altgermanischen und bedeutet «grosse Ebene». Die Alp ist ein flacher, kreisrunder Boden, dessen Matten saftgrün sind und dessen Begrenzung nach unten der Wald, nach oben die Fluh ist. Rauh ist das Klima, meist geht der Wind. Die Felsnase über dem milchigen Wasserfall wird «d' Angscht» genannt, weil ihre Besteigung Respekt einflösste (bis man mit dem Bau einer Strasse Erleichterung schaffte). Weiter hinten hört ein Boden auf den Namen

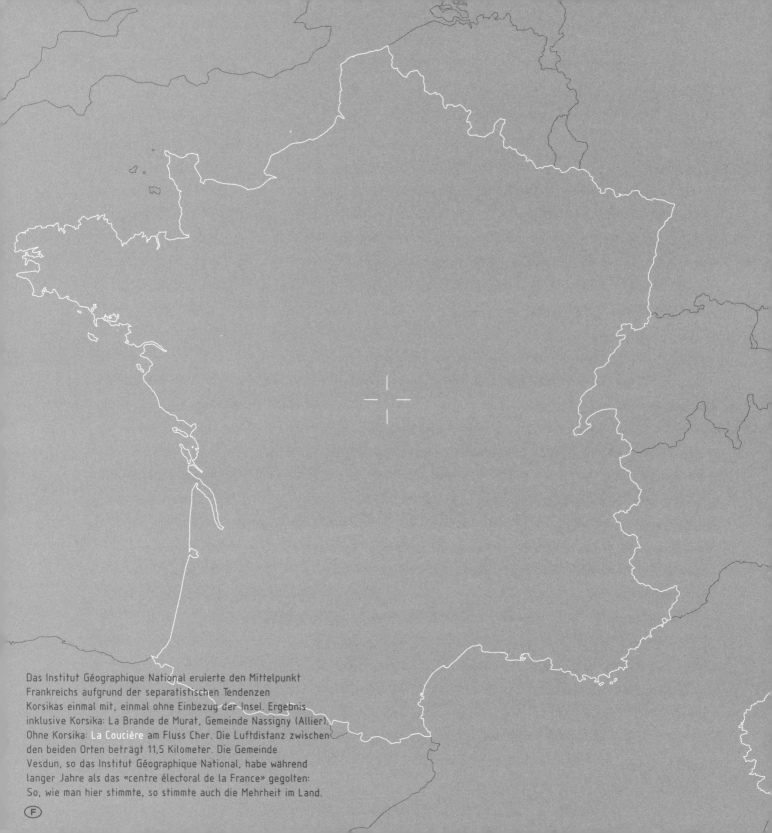

Das Institut Géographique National eruierte den Mittelpunkt
Frankreichs aufgrund der separatistischen Tendenzen
Korsikas einmal mit, einmal ohne Einbezug der Insel. Ergebnis
inklusive Korsika: La Brande de Murat, Gemeinde Nassigny (Allier).
Ohne Korsika: La Coucière am Fluss Cher. Die Luftdistanz zwischen
den beiden Orten beträgt 11,5 Kilometer. Die Gemeinde
Vesdun, so das Institut Géographique National, habe während
langer Jahre als das «centre électoral de la France» gegolten:
So, wie man hier stimmte, so stimmte auch die Mehrheit im Land.

F

«d' Ziflucht». Ganz oben auf der Kuppe erreicht man den Seefeldsee; ein stilles Wasser, das sich mit einem Schilf-gürtel schmückt und in seiner Tiefe Forellen versteckt. Von benachbarten Alpen unter-scheidet sich das Älggi durch Ursprünglichkeit. Der riskante Aufstieg über das einzige schmale Strässchen lässt motorisierten Massentourismus nicht zu. Angezogen werden vor allem Ortskundige und Berggänger. Kost und Logis im Bergheim können nur unkomplizierte Gäste zufriedenstellen. Die Zimmer haben in der Regel weder fliessend Wasser noch Heizung. Die spärliche Stromversorgung, die der Generator gewährt, bricht spätestens um Mitternacht ab. Dann schaltet Margrith von Flüe den Motor aus und verteilt Taschenlampen. Einen Fernseher sucht man verge-bens, statt dessen wird etwa ein Jass geklopft, und auf den Tisch kommt, was Tagesmenü ist, «gutbürgerliche Küche», wie die Wirtin sagt, Älplermakkaroni, Käseschnitten, «Cordon bleu Margrith». Und wenn sich im «Hoch-ziiterzimmer» ein Liebespaar einmietet, das nach Bergwanderung, Nachtessen und einer Flasche Wein mit feurigen Wangen zu Bett geht, riskiert man schlaflose Stunden ob der dünnen Holzwand und der klapprigen Bettstatt.

Nur Gutes haben die Besucher der Älggi-Wirtin in die Gästebücher geschrieben. Sie kommen aus der ganzen Schweiz und dem Ausland. Früher reisten Schulklassen aus Belgien an, weil deren Kran-kenkasse aufgrund der guten Luft am Urlaub mitbezahlte. Viele Kinder aus Sachseln sind für die erste Schulreise aufs Älggi marschiert. Später führten Radiowanderungen an der Alp vorbei, in einem Boomjahr wie 1963 mit bis zu 650 Teilnehmenden. Firmenausflüge, Geburtstage, Jubiläen, Klubanlässe; das Bergheim hat schon viele Be-sucher gesehen. Lange Zeit war das Älggi Erholungsort von Bundesrat von Moos, der mit Familie und Magd hin-aufkam und einmal gar das ganze Ferienhaus belegte. Einer seiner Nachfolger, Adolf Ogi, sagt über einen Besuch auf dem Älggi, er habe «einen bleibenden Eindruck» gewonnen: «Wo könnte es einem Schweizer besser gefallen als im Mittelpunkt der Schweiz, in der Heimat Niklaus von Flües, nahe der geistigen Wiege unserer Eidgenos-senschaft?» *Voll Wunder und Gheimnis, ä prächtigi Alp s' isch ds' Älggi, miis Bärgparadies* Nachdem die Berggeister das Älggi zum Mittelpunkt der Schweiz gemacht hatten, wollten sie ihren heimlichen Sieg mit Schabernack besiegeln. Sie setzten den Sachs-lern, denen die Gestaltung des Denkmals oblag, in den Kopf, den genau errechneten Punkt um fünfhundert Meter zu verschieben, auf eine kleine Erhöhung hinter dem Bergheim. Freiwillige der Berggängerverbindung «Stein-manndli-Klub» trugen Geröll zusammen und häuften es zu einem Mäuerchen, das exakt den Umrissen der Schwei-zer Landesgrenze entspricht. In der Mitte versenkte man einen Stein mit Widmung und setzte darüber eine aus dem Verkehrshaus Luzern geholte Blechpyramide. Das Mäuerchen musste man bald mit Holzzaun und Stachel-draht verstärken, weil das Horntier die Anlage mit profanem Weidegrund verwechselt und mit Mist verdreckt hatte.

Ort: La Coucière, Gemeinde Vesdun (Cher)

Koordinaten: 2°27'37'' Ost/46°34'47'' Nord
Quelle: Institut Géographique National,
2/4, avenue Pasteur, F-94165 St-Mandé Cedex

F

Ein Gaudi war den Geistern die Einweihung des Mittelpunktes. Am 10. Juli 1988 sollte ein Festakt stattfinden, vorher hätte die Sache geheim bleiben sollen. Doch gaben sie dem *Blick* Nachricht, der seinen Leserinnen und Lesern den Mittelpunkt bereits am 25. Juni zeigte. Mit einem Hubschrauber brachte das Blatt die damalige Miss Schweiz Karina Berger auf die Alp, setzte sie aufs Mäuerchen, knipste ein Foto und schrieb: «Miss Schweiz – immer im Mittelpunkt». Da war der Schuss draussen und einige Initianten und Älpler verärgert. Bei der offiziellen Einweihung wiederum spannten die Geister die Grünen ein: Umweltschützer telefonierten der Polizei, die den Verkehr regelte, und sagten, die Parkplätze im Älggi seien belegt und man solle keine weiteren Fahrzeuge passieren lassen. Was nichts als eine freche Lüge war. Der Schwindel flog auf, die Einweihung wurde doch noch zum Volksfest. Ansonsten sind es vor allem die Jungen der Trachtengruppe Sachseln, die auf dem Älggi immer wieder gerne ein Fest feiern. Der Verein, 1936 gegründet, kennt kaum Nachwuchssorgen: Er zählt 150 Mitglieder, darunter erstaunlich viele Jugendliche, die an Musik und Tanz ihrer Grosseltern Gefallen finden. Bereits an der Landi 1939 zeigte der Verein Schweizerisches Brauchtum, ebenso am 150-Jahre-Jubiläum der Pariser Polizei 1952 und an der Expo Lausanne 1964. Österreich, Südafrika, Polen haben die Sachsler besucht, mehrere Preise erhalten und Platten aufgenommen. Gerne tanzen die Männer und Frauen immer wieder ihre beiden Eigenkompositionen: «Auf der Älggi-Alp», eine Polka, und «Der Mittelpunkt der Schweiz», einen Walzer. Älggi ist für die jungen Trachtenleute ein Naherholungsgebiet, zu dem sie eine enge Beziehung pflegen – ein Flecken Heimat. Seit frühster Kindheit fahren sie ein paarmal pro Sommer obsi und wandern an der frischen Luft, andere gehen im Seefeld fischen. In die Bergbeiz kehren die meisten aber nur selten und ungern ein; mit der Wirtin verstehen sie sich nicht gut. Sie sei, meinen die Jungen, zu sehr um Ordnung und Sauberkeit besorgt, würde immer gleich einschreiten, wenn es einmal etwas laut und ausgelassen zu- und hergehe. Früher habe man im Beizchen noch ganz andere Feste gefeiert, da seien im Trubel manchmal Stühle und Bänke zum Fenster hinausgeflogen. Solches sei leider vorbei; fast wolle man meinen, der Wirtin sei der Übermut der Jugend zuviel. Also feiern die Bauernsöhne und -töchter lieber ihre eigenen Feten, statt für Chilbis ins Bergheim zu gehen. Bei einer Alphütte stellen sie einen Bauscheinwerfer ins Küchenfenster und ziehen eine Plastikplane von der Stalltüre in die Matte hinaus. Unter dem improvisierten Zelt wird reichlich Kaffeeschnaps und Bier ausgeschenkt, die Frauen haben selbstgebackene Kuchen mitgebracht. Reihum werden Villiger-Stumpen angezündet, von Hand zu Hand wandern Schnupftabakdosen. Die Musik spielt auf, zwei Handörgeli und eine Bassgeige, man singt und juzt und schlägt mit Holzlöffeln den Takt. Von Zeit zu Zeit mischt sich ein gepresstes Muhen

Ort: unbekannt
Quelle: Istituto Geografico Militare,
Centro Elaborazione Dati,
Palazzo dell'Antica Sapienza,
Via Cesare Battisti 10, I-50100 Firenze

Italien hat sich die Frage nach dem geographischen
Mittelpunkt des Landes bis heute nicht gestellt.

①

aus dem nahen Kuhstall ins fröhliche Musizieren.   Dann aber, um Mitternacht, wird die Gruppe plötzlich still. Schweigend, mit ernster Feierlichkeit holen die Männer die Treicheln aus dem rauchschwarzen Dachstock und schnallen sie um den Leib. Sie treten vor den Stall und wandern in Einerkolonne los. Mit gespenstischem Geläut ziehen sie durch die stockfinstere Nacht um die Kapelle herum. Die Hunde bellen und jaulen, feuchter Nebel kriecht übers Gras und dringt einem eiskalt durchs Kleid bis auf die Knochen. Dennoch laufen die Glockenmänner unbeirrt im Gleichschritt ihre Runde ab – gerade so, als gelte es, den Berggeistern als Dank für geleistete Hilfe ein Ständchen zu bringen. *Wo d' Sennö tiänd juizän und singä* *am Sunntig am Chilchli zuä gaand* Abgesehen von der anfänglichen Aufregung, hatte die Errichtung des Mittelpunktes wenig Auswirkung aufs Älggi. Nur zu gut hatten sich die Berggeister an die Vereinbarung gehalten und dafür gesorgt, dass die Alp ihr Gesicht nicht verändern würde. Einmal brachte eine Zeitung einen Hinweis, ein andermal das Fernsehen einen Beitrag; ein Massenauflauf aber blieb aus.

So sind die Sachsler meist unter sich, wenn im Älggi etwas ansteht. Zum Beispiel der traditionelle Älggi-Dorf, ein Sonntag im Juli mit Gottesdienst und Älplerwahlen. Frühmorgens stehen die Bauern beim Brunnentrog, schaben sich mit der Gillette den Bart vom Angesicht, geben Brillantine ins Haar und Tabak ins Sonntagspfeifchen. Die Männer und Frauen des Jodelchörlis zeigen ihre Trachten, bei der Kapelle spielt ein Alphorntrio. Bald sitzt die Festgemeinschaft in den engen Holzbänken und hört die Predigt von Pfarrer Willy Gasser. Ergreifend schön singen die Jodler – «Härgott, lueg iis a, muesch Erbarme ha». Treffend bittet der Pfarrer: «Hilf uns, die vergänglichen Güter so zu gebrauchen, dass wir die ewigen nicht verlieren.» Die Älpler murmeln: «Wir bitten Dich, erhöre uns», bis Sigrist Werner Rohrer mit dem Klingelbeutel durch die Reihen geht und das Opfer einzieht.   Nach der Messe steht man vor der Kirche beisammen, wo die Bauern Kaffee, Schnaps und Ziger servieren. Der Präsident der Älplergesellschaft gruppiert die stimmberechtigten Mannen; Aussenstehende müssen ins Abseits. Zügig wählt die Versammlung die Beamteten, die im Herbst an der Chilbi ein Ämtlein versehen werden. Die Wahl, nach dem Händemehr und vor Publikum ausgetragen, gilt als Ehre und würdigt langjährige Verdienste für die Sache der Älpler. Bald sind zwei Älplerväter, vier Senioren, vier Verheiratete, vier Ledige, fünf Zugegebene bestellt. Das Jodelchörli singt noch einmal, dann ist es Zeit, ins Restaurant zu gehen. Die Gaststube ist bis auf den letzten Platz besetzt, beissender Stumpenrauch mischt sich mit würzigem Suppendampf. Draussen bei der Terrasse knattert das Schweizer Kreuz am Fahnenmast, während weiter hinten stämmige Bauernsöhne am Älggi-Schwingen ihre Manneskraft messen.   Kann es also Zufall sein, dass der Mittelpunkt der Schweiz in Sachseln liegt? Wenn man die Bewohner dazu befragt, sind die Reaktionen gemischt.

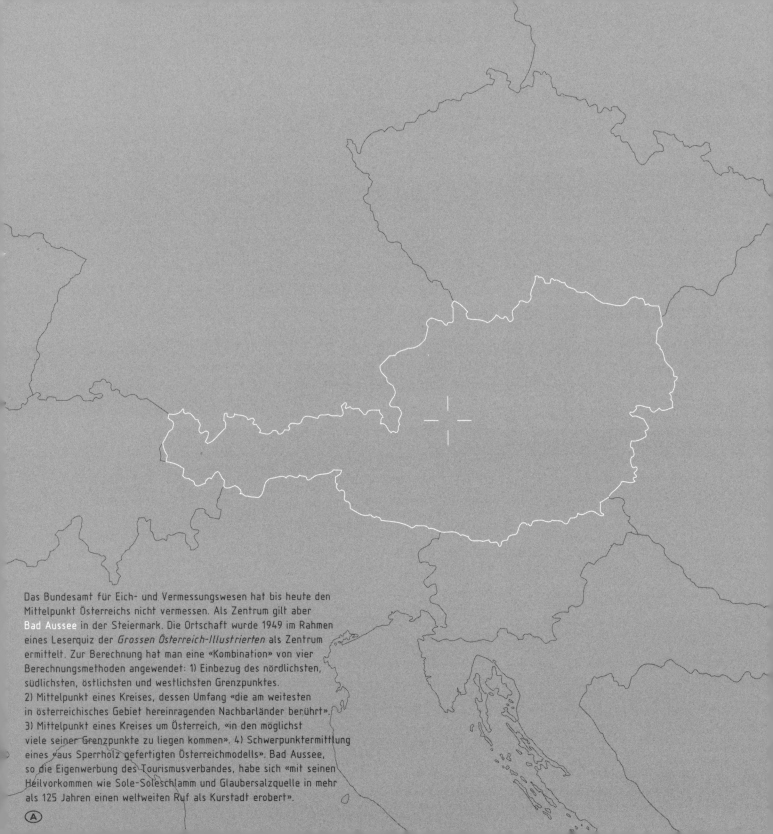

Das Bundesamt für Eich- und Vermessungswesen hat bis heute den
Mittelpunkt Österreichs nicht vermessen. Als Zentrum gilt aber
Bad Aussee in der Steiermark. Die Ortschaft wurde 1949 im Rahmen
eines Leserquiz der *Grossen Österreich-Illustrierten* als Zentrum
ermittelt. Zur Berechnung hat man eine «Kombination» von vier
Berechnungsmethoden angewendet: 1) Einbezug des nördlichsten,
südlichsten, östlichsten und westlichsten Grenzpunktes.
2) Mittelpunkt eines Kreises, dessen Umfang «die am weitesten
in österreichisches Gebiet hereinragenden Nachbarländer berührt».
3) Mittelpunkt eines Kreises um Österreich, «in den möglichst
viele seiner Grenzpunkte zu liegen kommen». 4) Schwerpunktermittlung
eines «aus Sperrholz gefertigten Österreichmodells». Bad Aussee,
so die Eigenwerbung des Tourismusverbandes, habe sich «mit seinen
Heilvorkommen wie Sole-Soleschlamm und Glaubersalzquelle in mehr
als 125 Jahren einen weltweiten Ruf als Kurstadt erobert».

Ⓐ

Johanna von Flüe, 85, hat mit ihrem verstorbenen Mann Paul (Nachkomme des Bruder Klaus in 13. Generation) das Bergheim im Älggi gebaut. Vierzig Sommer lang hat das Paar gewirtet, dabei manche Sorge ausgestanden, aber auch viel Schönes erlebt. Gut erinnert sich die kinderlos gebliebene «Tante Hanni» noch ans Antrittsverlesen eines Kommandanten, der seine Wehrmänner für einen Wiederholungskurs im Älggi stationiert hatte. «Manne», habe also der Kadi zu den Soldaten gesagt, «sid ihr eu bewusst, mer sind am schönste Ort vo dr ganze Schwiiz!» Und keiner habe widersprochen.   Die Schönheit der Bergwelt hat auch die ausländischen Generäle begeistert, die in den fünfziger Jahren mit Flugzeugen der Pilatus-Werke Stans ins Älggi geflogen wurden. Um zu demonstrieren, wie wendig der Pilatus Porter sei und wie er auch auf schwierigem Untergrund landen und starten könne, brachten die Flugzeugbauer ihre Interessenten jeweils auf die Sachsler Alp. Im Album von Johanna von Flüe finden sich Fotografien, auf denen sie als junge Frau dem tollkühnen Piloten einen Blumenstrauss in die Arme drückt. Vor jedem Flug erhielt sie einen Anruf, damit sie die Schweizer Fahne hinaushängte und der Pilot die Windrichtung abschätzen konnte. Nach der Landung hockte die Gruppe ins Beizchen und liess sich verköstigen. Mit manch hohem Militär, von Flüe erinnert sich noch an zwei brasilianische Generäle, wird man auf diese Weise schnell handelseinig geworden sein.   Zum Mittelpunkt meint Johanna von Flüe: «Sicher ist das Älggi der schönste Ort der Schweiz. Dass hier auch der Mittelpunkt ist, darauf sind wir stolz.» Die Überraschung habe sich jedoch in Grenzen gehalten, als man es offiziell erfahren habe. Denn schon zur Zeit der Grosseltern habe man den Punkt in Sachseln vermutet. «Jetzt haben wir den offiziellen Beweis», sagt Emil Omlin, bis 1997 Gemeindepräsident. Und Albert Rohrer, 74, über die Grenzen des Kantons hinaus als «Wanderweg-Papst» bekannt, bringt auf den Punkt, was in Sachseln viele denken: «Älggi verdient es, Mittelpunkt der Schweiz zu sein. So ein wunderbar harmonischer Ort – es Paradiesli.» *Wo d' Älpler im Sagmähl tiänd rutzän und schwingä kei Tropfän im Glas innä laand* Bald nach der Einweihung des Mittelpunktes gelang den Berggeistern der endgültige Durchbruch, der das Älggi für immer gegen fremde Einflüsse schützen würde. Auf lange Sicht konnten selbst das Fehlen einer guten Strasse und das herbe Klima nicht genügen. Deshalb setzten sie in den Herzen der Sachsler die Überzeugung fest, Älggi sei etwas Besonderes und der Aufenthalt auf der Alp ein Privileg für Gleichgesinnte. Niemals sollte daraus ein überfüllter Ferienort mit Klimbim werden, vielmehr wurde das «Paradiesli» fortan mit Liebe und konservativer Sorge beschützt.   Wirtin Margrith von Flüe hält eine strenge Hausordnung («Rauchen in den Zimmern verboten», «Bitte WC und Dusche sauber halten»), geht aber selber mit gutem Beispiel voran. Jeden Morgen macht sie eigenhändig alles sauber – «auch wenn ich dafür gut eine Portugiesin anstellen könnte». Dann steht sie hinter den Kochtöpfen oder werkt in den Zimmern.

Ort: Bad Aussee

Koordinaten: unbekannt

Quelle: Bundesamt für Eich- und
Vermessungswesen, Abteilung Kartographie,
Krotenthallergasse 3, A-1080 Wien

Ⓐ

Nur in der Hochsaison gönnt sie sich eine Aushilfe und stellt eine befreundete junge Frau in den Service. «Ich muss dem Herrgott danken, dass ich noch ein Schweizer Mädchen finde.» Freundlichst grüsst sie ihre Stammbesucher, schwatzt mit ihnen und lässt sie ins Gästebuch schreiben. So schafft sie sich eine Auswahl von «wirklich lieben Leuten, die immer wieder kommen».

Ihr Mann Fredi von Flüe, ein Sachsler, den man kennt, setzt sich gerne mit Bier und Marylong an den Stammtisch, wo Meinungen rasch zum Konsens werden. Dass die Krankenkassen zu teuer seien, die Politik des Bundesrates Schuld trage, Wirtschaft und Staat den Bürger für dumm verkauften. In der Europafrage zitiert der Bruder-Klaus-Nachkomme seinen Übervater: «Macht den Zaun nicht zu weit, die Schweiz darf sich nicht sang- und klanglos verkaufen.» Zum Mittelpunkt meint er: «Seien wir ehrlich – ausserhalb von Obwalden kennt ihn niemand.» Margrith von Flüe sagt: «Dass uns der Mittelpunkt mehr Gäste bringt, kann man nicht behaupten. Und bei der Anlage hat es zwar eine Feuerstelle, aber weder einen Abfallkübel noch ein WC.»

Niklaus von Flüe, Namensvetter und Nachkomme des Bruder Klaus (15. Generation), ist begeisterter Alpinist und hat schon alle Viertausender der Schweiz bestiegen. So etwas Schönes wie das Älggi habe er jedoch nirgends angetroffen. «Der grosse Boden, die Kapelle, der Wald – eine der schönsten Alpen überhaupt.» Deshalb findet er: «Älggi muess Älggi bliibä.» Manchmal hat Niklaus von Flüe beruflich im Älggi zu tun, denn der gelernte Maschinenschlosser ist seit 1963 im Zeughaus von Sarnen angestellt, Abteilung persönliche Bewaffnung. Wenn das Militär wieder einmal über die Weiden geschossen hat, muss er als nebenamtlicher Sprengmeister Blindgänger entschärfen. Finden Wanderer im Älggi eine verdächtige Granate, schickt die Blindgängerzentrale Thun per Telefonalarm Niklaus von Flüe oder einen seiner Kollegen los.

Da liid scho sit Ziitä vo elterä Liitä
als Sägä vom Herrgott fir iis

Streng wachen die Berggeister darüber, dass Älggi Älggi bleibt. Seit 1959 ist kaum mehr gebaut worden. Damals erstellte der Skiklub seine Hütte; heute gäbe es für ein solches Projekt ausserhalb der Bauzone keine Genehmigung mehr. Bergheim, Ferienhaus und Massenlager sind in den dreissiger und vierziger Jahren entstanden. Ein altes Heimatbuch belegt, dass das heutige Älggi in den Grundzügen mehr als 150 Jahre völlig unverändert geblieben ist. Der Chronist vermerkte bereits 1836 das heute noch bestehende Halbrund der zehn Alphütten mit Kapelle. Letztere ist 1820 gebaut worden – für die Ewigkeit, denn um ein solides Fundament zu erhalten, trieben die Bergler nicht weniger als 800 kräftige Pfosten aus Weisstanne in die feuchte Erde.

Aufwendig war auch der Bau der Strasse. 1876 begonnen, arbeiteten bis zu zwanzig Männer im Akkord. 1934 wurde zum Teil verbreitert. Seither haben Korporation und Armee unzählige Unterhaltsarbeiten ausgeführt und neue Ausweichstellen gebaut; trotzdem ist der Weg vielerorts noch immer eng und steil und nicht asphaltiert. «Nichts für Städter!» schmunzeln die

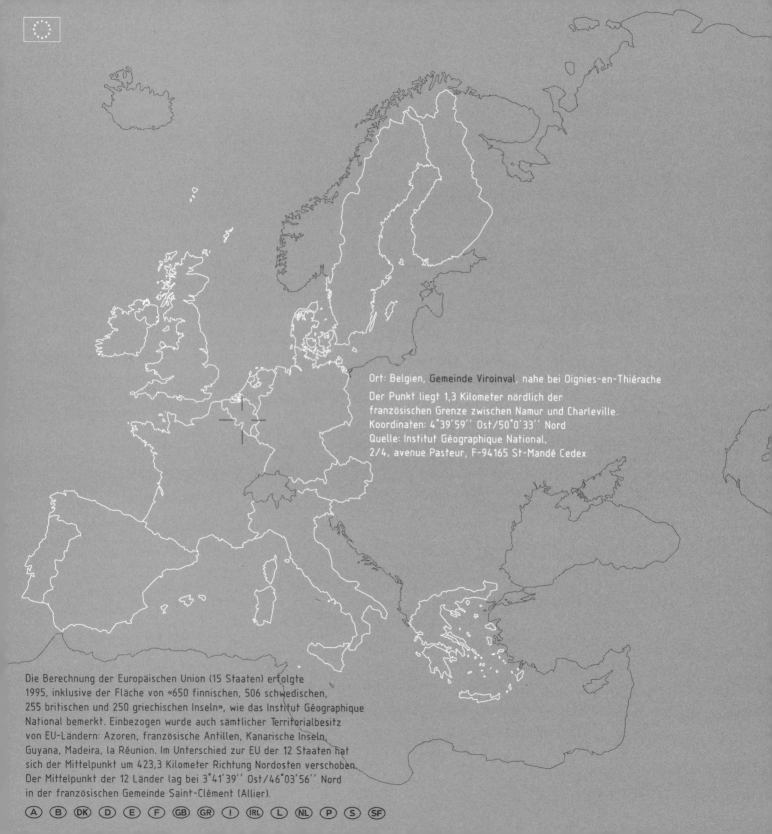

Ort: Belgien, Gemeinde Viroinval, nahe bei Oignies-en-Thiérache

Der Punkt liegt 1,3 Kilometer nördlich der
französischen Grenze zwischen Namur und Charleville.
Koordinaten: 4°39′59′′ Ost/50°0′33′′ Nord
Quelle: Institut Géographique National,
2/4, avenue Pasteur, F-94165 St-Mandé Cedex

Die Berechnung der Europäischen Union (15 Staaten) erfolgte
1995, inklusive der Fläche von «650 finnischen, 506 schwedischen,
255 britischen und 250 griechischen Inseln», wie das Institut Géographique
National bemerkt. Einbezogen wurde auch sämtlicher Territorialbesitz
von EU-Ländern: Azoren, französische Antillen, Kanarische Inseln,
Guyana, Madeira, la Réunion. Im Unterschied zur EU der 12 Staaten hat
sich der Mittelpunkt um 423,3 Kilometer Richtung Nordosten verschoben.
Der Mittelpunkt der 12 Länder lag bei 3°41′39′′ Ost/46°03′56′′ Nord
in der französischen Gemeinde Saint-Clément (Allier).

(A) (B) (DK) (D) (E) (F) (GB) (GR) (I) (IRL) (L) (NL) (P) (S) (SF)

Sachsler, die eigens für die Touristen eine neue Verkehrsregelung eingeführt haben: An Wochenenden und Feiertagen ist die Fahrt ins Älggi nur zu den geraden Stunden gestattet, die Rückfahrt nur zu den ungeraden.

Eine Sonderleistung ist die Telefonleitung, die ins Bergheim zum einzigen Apparat im Älggi führt. Hier telefonieren alle ins Tal – auch die, die ein Handy haben, denn die engen Tobel schneiden den Weg zum nächsten Verstärker ab. 1938 haben die PTT die kilometerlange Freileitung gebaut – im Interesse der Versorgung von Randgebieten, und weil Wirt Paul von Flüe «gute Bekannte» bei der Telefonverwaltung in Luzern hatte. Wasser wird von weit her geholt, und die Auswahl an Esswaren ist beschränkt. Der Rest der Welt ist drei viertel Autostunden entfernt.

All das hilft den Sachslern, Älggi gegen Fremdes zu beschützen. Neubauten sind keine mehr möglich, vage Projekte für Skilifte oder Ferienchalets vor einiger Zeit begraben worden. In die Skihütte kann sich nur einmieten, wer Mitglied des Klubs ist. Das Pfarrhaus neben der Kapelle steht den Geistlichen von Sachseln für Ferien zur Verfügung; wer das Häuschen sonst noch bewohnen darf, kürt der Pfarrer eigenhändig aus dem Bekanntenkreis. Die Alphütten sind Privatbesitz und werden seit Generationen weitervererbt. Dass sie in fremde Hände fallen, ist undenkbar. Schliesslich schaut das Militär nach dem Rechten: Älggi ist ein bundesrechtlich garantierter Vertragsschiessplatz, womit im Ernstfall auch die handfeste Verteidigung des Mittelpunktes der Schweiz gewährleistet wäre.

Wieder blitzte und donnerte es heftig, als die Berggeister am 15. August 1997 zum Schutz des Älggi gerufen wurden. Schwarze Wolken hingen an diesem Freitag über den Bergen; von einer Seite kam der Föhn, von der anderen die Bise. Innerhalb dreier Stunden fiel anderthalbmal soviel Regen wie sonst im ganzen Monat August, 70 Millimeter pro Stunde. Experten sprachen von «einem Ereignis, das alle 500 Jahre einmal» vorkommen könne. Ein Wunder, meinten die Bewohner, dass kein Mensch verletzt oder ums Leben gekommen sei. Die Schäden im Kanton gingen in die 150 Millionen Franken.

Älggi aber hatte das Unglück unversehrt überstanden. Dort funkelten nach einem kurzen Regenguss bald wieder die Sterne am Nachthimmel. *Voll Wunder und Gheimnis, ä prächtigi Alp s' isch ds' Älggi, miis Bärgparadies*

te stammen aus dem Jodellied «Ds' Älggi»
on Moos, Korporationsschreiber, Sachseln

ossrieder, *1967, Ausbildung am
-Ausbildungs-Zentrum MAZ und beim *Beobachter*,
4 freischaffender Journalist in Zürich

Fotografien von Koni Nord

Älggi

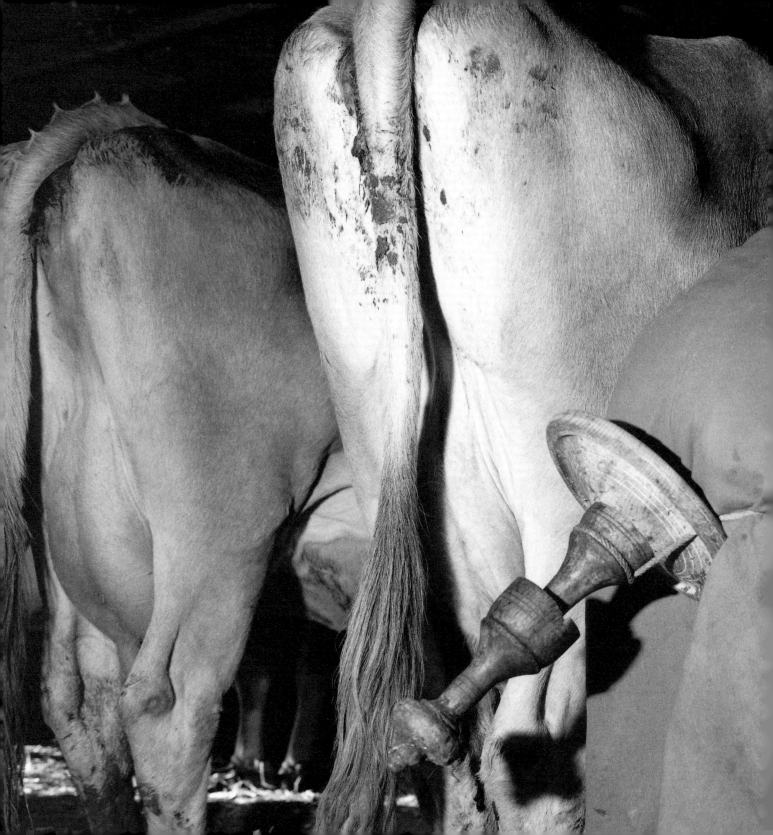

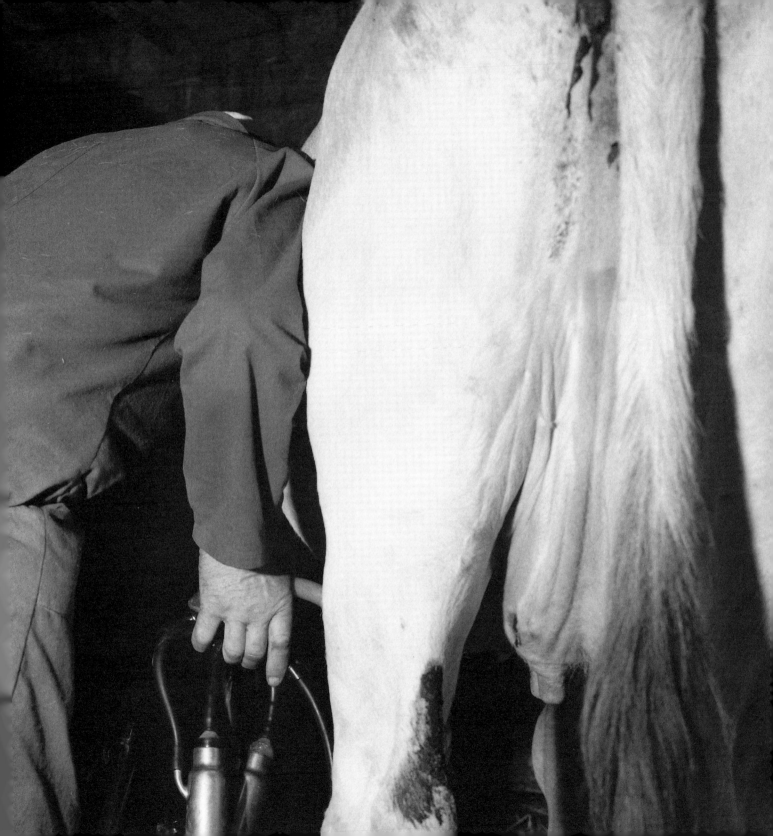

Bildlegenden:

Ⓐlplerwahlen

Ⓖästezimmer im Bergheim

Ⓐlpaufzug

Ⓗütte

[S]ch Füs Kp IV/53

Ⓣabakschnupfen

[H]ochzeit und Taufe

Ⓢtrassen- und Alpsegnung

[T]rio «Echo vom Stuckli-Chritz»

Koni Nordmann, *1962, Ausbildung in Fotojournalismus
und Dokumentarfotografie am International Center of Photography
in New York, seither tätig als freier Fotojournalist,
Verleger und Produzent von Tonbildschauen in Zürich

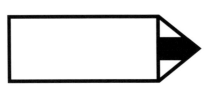

230 Kuh-schweren

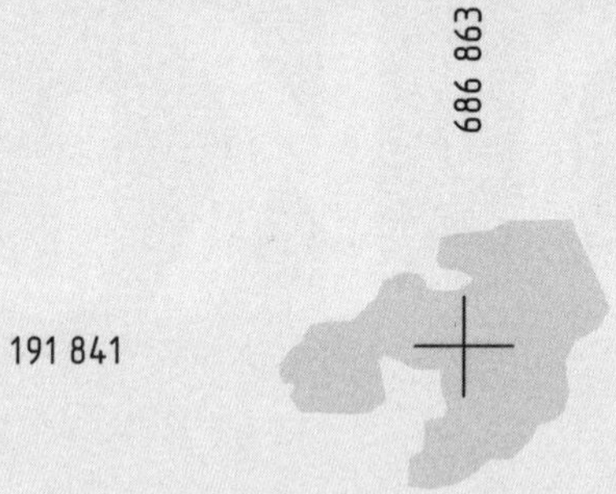

686 863

191 841

Die Schweiz 1218–1331
Das Land umfasst die Kantone Uri, Schwyz und
Unterwalden. Das geographische Zentrum befindet sich
auf dem Boden der Gemeinde Seedorf, Kanton Uri.
Koordinaten: 686 863/191 841

Balz Theus **230 Kuhschweren**

Der 15. August 1997 war ein prächtiger Sommertag. Blau und wolkenlos wölbte sich der Himmel über dem Sarnersee. Unter der Sonne zitterte, 27 Grad heiss und flimmrig, die Luft. Am Abend geschah die Entladung. Ein Gewitter fuhr über Sachseln hinweg wie kaum je eins zuvor. Aus den Bergen schossen die Wasser in ungeheuren Mengen ins Tal. Die Bäche stiegen aus ihrem Bett und suchten die Gemeinde heim: Der Dorfbach deckte das Zentrum mit einer massiven Schlammschicht zu, warf den Bewohnern Baumstrünke vor die Füsse und meterhoch Schutt und Geröll vor die Häuser, feuchten Dreck und flachgedrückte Autos. Mit Gewalt polterte er gegen Türen und Fenster und spie seine Brühe ins Innere. Es war verheerend.   Die entfesselte Natur ist das Menetekel, das Berggemeinden und Alpgenossenschaften, bäuerliche Verbände und die Käseunion, aber auch weniger interessengebundene Organisationen an die Wand malen, wenn sie vor einem Regime ohne staatliche Unterstützung der Landwirtschaft warnen; sie sagen zum Beispiel, ohne Beiträge an die Alpwirtschaft sei es den Bergbauern nicht mehr möglich, die Landschaft zu pflegen, die uns allen lieb und wichtig sei: Wald, Flur, Weg und Steg, Bach und Strasse und die satten Weiden mit dem Alpvieh drauf. Sie sagen Vergandung und Erosion voraus, Lawinen, Steinschlag und Überschwemmungen; wenn aber, mit seiner Hände Arbeit, der Älpler sein Zuhause schützen könne, schütze er gleichzeitig auch das Leben im Tal, Häuser, Ställe, Verkehrsanlagen und all die andern teuren Sachen.   Dennoch ist nicht sicher, wie lange der Älpler seine Arbeit noch verrichten kann. Der Mensch mag erschrecken, wenn die Naturgewalten aus dem Himmel brechen und ganze Dörfer durcheinanderwirbeln, aber nicht nur bestehen sein Herz und sein Hirn zum grössten Teil aus Wasser, sondern auch sein Charakter ist wie dieses, wenn es über die Erde fährt: sanft und gewalttätig, sittsam und ungebärdig, aufbrausend und gleichgültig, lieblich, munter, träge, rücksichtslos und ohne Gedächtnis. Die Chancen des Älplers stehen schlecht. Früher oder später wird man ihm den Geldhahn zudrehen, an dem er hängt wie der Kranke am Tropf.

                Die Sachsler Bäche, nachdem sie sich ausgetobt hatten, lümmelten wieder scheinheilig dem Sarnersee zu. Als ob nichts geschehen wäre. Monate waren seit der Dreckflut vergangen. Niklaus Omlin sass in der guten Stube. Der frisch pensionierte Ratsschreiber der Korporation Sachseln dachte in den Polstern seines Wohnzimmers wohl zum hundertsten Mal an die Wut und die Macht des Wassers, wie es polternd und scheppernd den Mauern seines Hauses entlang dorfabwärts tobte. Ich hatte ihn um eine Besprechung ersucht, um ihn über das Älggi und die Korporation zu befragen, und der ganze Schrecken brach nochmals aus ihm hervor: «Unwahrscheinlich, wahrhaft unwahrscheinlich, was diese Nacht … zusammengefegt hat.»   Omlin hatte dem Wasser wenig entgegenzusetzen: Während das Geschiebe nach ihrem Haus griff, trugen der frühere Ratsschreiber

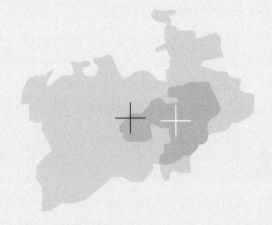

655 819

194 231

Die Schweiz 1332–1412
Zum Land gehören die «acht alten Orte» Zürich, Bern,
Luzern, Uri, Schwyz, Unterwalden, Glarus und Zug.
Das geographische Zentrum befindet sich auf
dem Boden der Gemeinde Sarnen, Kanton Obwalden.
Koordinaten: 655 819/194 231

und seine Frau die Privatbibliothek, Heimat- und Sachbücher, alte Stiche und Notizen vom Erdgeschoss nach oben auf den Dachstock.   Aus der Zähmung der Natur und deren Überführung in ihren Besitz ist vor vielen Jahrhunderten und über Jahrhunderte hinweg die Korporation oder Teilsame hervorgegangen, die sogenannte Urmutter der Demokratie. Es ist nicht mehr bekannt, wie sich dieser Vorgang im einzelnen abspielte; immerhin kann zweierlei als gesichert gelten: Die Menschen griffen nach den Alpen, weil der Talboden sie nicht mehr alle zu ernähren vermochte, und die Besiedlung der höher gelegenen Räume endete im Kollektiv, weil der einzelne dort oben auf die Dauer nichts vermochte. Die rauhe Natur selbst forderte Solidarität und Hilfe für den Nachbarn – und zwang sie letztlich in ein Kleid, das viele in der «freien Alpenwelt» als eng empfunden haben mochten.   In der Schweiz gibt es heute noch rund 10 000 kleinere und grössere Alpen, die zusammen ein Viertel des Staatsgebiets bedecken. Sie vergrössern den Wirtschaftsraum der Talbetriebe, wenn im Sommer Hirt und Herde, dem Graswuchs folgend, den Berg hinaufsteigen. Klima und Höhenlage bestimmen die Alpzeit; wenn das Gras gefressen ist, kehrt die Kolonne um. Sie führt ein fragiles Leben: Mitten im Sommer kann der Winter den Rückweg abschneiden.   Im Altertum und im frühen Mittelalter produzierte die bäuerliche Bevölkerung in den Bergtälern fast nur für sich. Der Anbau von Getreide spielte eine wesentliche Rolle, obwohl er wegen der klimatischen Verhältnisse nur dürftig ausfallen konnte. Erst als die Verkehrsverbindungen sich verbesserten und die städtischen Handelszentren näherrückten, änderte allmählich das Wirtschaftssystem. Mit Beginn des 14. Jahrhunderts fanden sich die Bergbewohner zögernd bereit, auf Selbstversorgung und Autarkie zu verzichten und das Getreide vom Mittelland zu kaufen – mit Geld aus einem Erwerbszweig, der für ihren feuchten und relativ kühlen Lebensraum seit Urzeiten wie geschaffen schien: Das Hauptgewicht verlagerte sich auf Gras- und Viehwirtschaft, auf Viehzucht und die Herstellung von haltbaren Milchprodukten. Jetzt endlich assen die Bergler Käse statt Mues und nannten ihn d' Spys: die Speise.   Sie assen Brot und getrocknetes Fleisch, wenn sie Innerschweizer Hirten waren, und tranken Ziegenmilch dazu. Gelegentlich verzehrten sie Frisches vom Schwein und vom Rind; nach einem geglückten Schuss mit Armbrust oder Flinte, und deshalb noch seltener, gab es Gamsfleisch, Schneehuhn oder Murmeltier. Sie trugen Holzschuhe, grobes Tuch und einen Dolch im Gewand. Sie trieben Wolf, Bär und Luchs in die Flucht, und Alpgeister machten ihnen das Leben schwer. Sie waren lauter Männer. Während ihre Frauen im Tal unten nach dem Rechten schauten, besorgten sie oben unter dem Himmel das Vieh. Das machten andernorts auch Frauenhände, und die Älpler brauchten sich um Spott nicht zu sorgen; man konnte einfach muhen, wenn man einen Kuhschweizer auf die Palme treiben wollte.

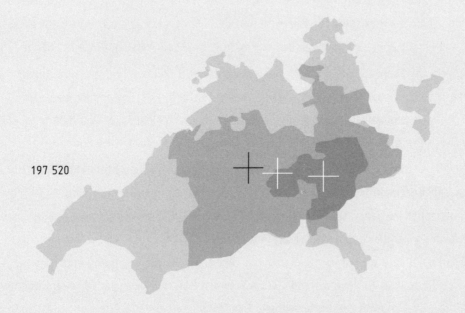

635 500

197 520

Die Schweiz im 18. Jahrhundert
Das Land umfasst dreizehn Kantone.
Das geographische Zentrum liegt auf dem Boden
der Gemeinde Escholzmatt, Kanton Luzern.
Koordinaten: 635 500/197 520

In jener Zeit entstanden die Rechtsgrundsätze, welche das Leben im Kollektiv regeln und bestimmen, wer Zutritt zu diesem Leben erhält. In der Korporation Sachseln geschah dies schriftlich erstmals im Einung von 1567. Der Einung ist das Grundgesetz, das Rechte und Pflichten bei der Nutzung von Alpen und Allmenden festlegt und die Gerichtsurteile und Beschlüsse fortlaufend sammelt. Mit der Zeit erreichte er eine unglaublich anmutende Regelungsdichte. Wer was unter welchen Umständen und zu welcher Zeit zu tun oder zu lassen hatte – der Einung selbst oder die ihn ergänzenden Nutzungsordnungen legten es akribisch fest. Das Gesetzeswerk verriet die Sorge um das «Gemeine Wesen», wirkte aber auch wie ein Sammelsurium aller möglichen Nachlässigkeiten, Missetaten und Schummeleien, deren sich der einzelne im Umgang mit dem Gemeingut schuldig machen konnte – das Sündenregister und zugleich Pflichtenheft des hochalpinen Menschen, eine endlos scheinende Litanei:

«dass das Alpwerk nach Weisung des Säckelmeisters und Alpvogtes verrichtet werde»;

«dass die Häge gehörig erstellt und im Herbst die Fällhäge abgelegt werden»;

«dass die Schweine geringet werden, so dass sie keinen Schaden tun können»;

«dass kein unberechtigtes Vieh auf- und überzähliges Vieh abgetrieben werde»;

«dass der Mist an die angewiesenen Stellen gehörig ausgetan werde»;

«dass Friede und Ordnung in der Alp herrschen»;

«dass im Älggi morgens, mittags und abends zum Englischen Gruss geläutet
und in den übrigen Alpen zum Beten gerufen werde».

Und so weiter. Das Beispiel stammt aus der Hochalpenverordnung von 1912. Doch wesentlicher am Einung waren stets die Bestimmungen über die Nutzungsberechtigung am Korporationseigentum. «Es geht Allem vor: der Gnoss», hiess es bei der Besetzung der Genossenschafts- oder Chilcher-Alpen, und dieser Grundsatz hat sich durch alle Jahrhunderte hindurch behauptet.   Der Bauer war ein solcher Gnoss, der als Chilcher im Schatten der Sachsler Kirche – im Bereich des Kirchgangs, dessen Umfang sich mit dem der heutigen politischen Gemeinde deckte – mit eigenem Feuer und Licht einen selbständigen Haushalt führte und seinem Vieh Heu verfütterte, das auf eigenem Grund und Boden im Gemeindebann und nirgendwo sonst gewachsen war.   Ohne Talbetrieb und Futterbasis in der eigenen Gemeinde keine Alpung: Mit dem Grundsatz der strikten Verknüpfung von Tal- und Alpbetrieb sorgten die Kleinen dafür, dass sie von den Grossen nicht verdrängt wurden. (Dies die Schönwetterversion der Geschichte. Niklaus Omlin hält sie für die einzig richtige, aber ebensogut könnte man folgern: Wer hatte, dem wurde gegeben, wer mehr hatte, dem wurde mehr

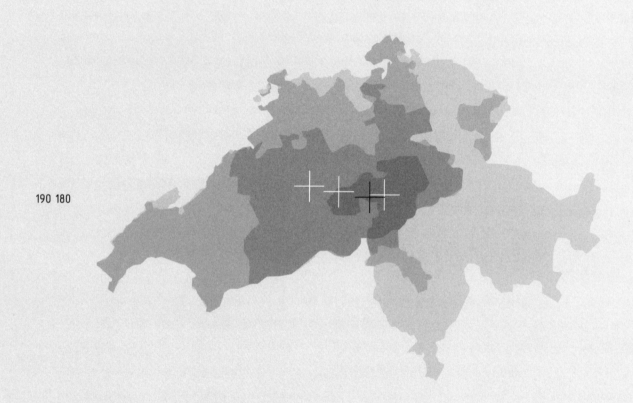

677 098

190 180

Die Schweiz 1803–1814
In der Mediation steigt die Zahl der
Kantone auf neunzehn. Das geographische
Zentrum befindet sich auf dem Boden der
Gemeinde Wolfenschiessen, Kanton Nidwalden.
Koordinaten: 677 098/190 180

gegeben. Das lässt der gewesene Ratsschreiber nicht gelten. Immerhin: Unübersehbar war die stiefmütterliche Behandlung derer, die im selben Ort wohnten, aber von der Nutzung am Korporationsgut weitgehend ausgeschlossen waren. Diesen Beisassen oder Niedergelassenen gewährte eine knausrige Mutter der Demokratie gerade noch minime Rechte: «Da, wo Platz ist.»)   Noch heute leitet sich der Anspruch auf die Korporations-bürgerschaft von der direkten Abstammung aus einem der alten Sachsler Bürgergeschlechter ab. Im neuen Einung, den sich die Korporation Sachseln 1993 gab, sind die Namen dieser Geschlechter aufgezählt: von Ah, Anderhalden, Bucher, von Flüe, Götschi, Grisiger, Halter, Imfeld, Krummenacher, Lochmann, von Moos, Nufer, Omlin, Rohrer, Schä-lin, Spichtig, Strähler – zur Zeit etwa 1300 stimmberechtigte, das heisst volljährige Personen beiderlei Geschlechts. Wie damals haben Korporationsbürger oder Korporationsbürgerinnen nur dann Anteil am Korporationsnutzen, wenn sie in der Gemeinde leben und dort einen eigenen Haushalt führen.   Die Verordnungen und Ausführungsbestimmungen zum neuen Einung sind noch in Arbeit. Niklaus Omlin sagt, so etwas brauche Zeit. Er ist ein zurückhaltender Mann.   In jener Nacht haben die wildschäumenden Wasser darauf verzichtet, von ihm sein Haus zu fordern. Sie liessen es bei seinem Schreck bewenden. Im verwüsteten Dorf aber schleiften sie die Forsthütte der Korporation und verschlangen das Werkzeug, das darin war; nur das wenigste ist je wieder aufgetaucht. Das Unwetter hat auch an weiteren Besitzungen der Korporation massiven Schaden angerichtet. Sie besitzt ein ordentliches Stück der unberechenbaren Natur. Sie hat Allmend, Wälder, Alpen, Heuberge und viel unkultiviertes Gebiet im Gebirge: zusammen etwa 38,5 Quadratkilometer, rund zwei Drittel der Fläche von Sachseln. Umsonst ist bei ihr nichts mehr zu holen. Die Strassen, die sie unterhält, Gewässer, Gebäulichkeiten und Anlagen kosten mehr, als sie eintragen. Wer alpnet, zahlt. Wer Holz bezieht, zahlt, und dasselbe tut, wer Allmendland nutzt. Alle zahlen, dennoch reicht es der Korporation zu keinem Gewinn.   Die Korporation hat die Voralpen, die näher zum Tal hin liegen, und mehrere Hochalpen. Zu diesen gehört das Älggi mit Platz für etwa 230 Grossvieheinheiten. Das ist ein Mass. Es gibt verschiedene ältere Bezeichnungen dafür – Stösse oder Kuhessen beispielsweise; hier heissen sie Kuhschweren. Eine Kuhschwere ist gleichbedeutend mit zwei Jungrindern oder vier Kälbern. Im Älggi gehören Grund und Boden der Korporation, die Alphütten hingegen sind privates Eigentum von nut-zungsberechtigten Korporationsbürgern. Mit dem Hütteneigentum gehen entsprechende Alprechte zusammen: Seit vielen Sommern haben fast immer dieselben Familien ihre Tiere im Älggi.   In dieser Hin-sicht unterscheidet sich die Hochalp von den 21 Voralpen, die alle sechs Jahre unter den Nutzungsberechtigten neu verteilt werden. Das Los entscheidet, wer was bekommt; wenn Bewerber leer ausgehen, gibt es lange Gesichter. Im

183 641

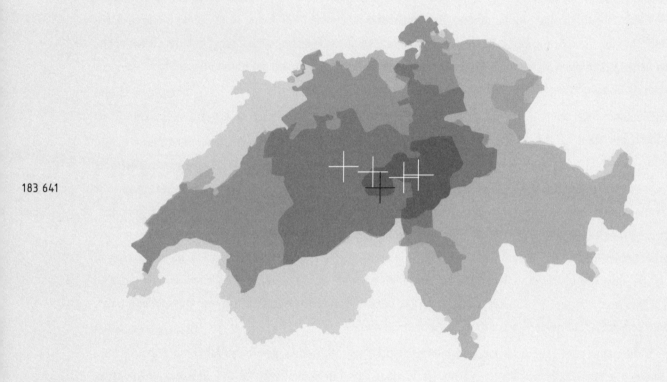

Die Schweiz heute

Mit dem Wiener Kongress von 1815 erhält das Land seine
heutigen Ausmasse. Das geographische Zentrum liegt
auf der Alp Älggi, Gemeinde Sachseln, Kanton Obwalden.
Koordinaten: 660 158/183 641

Moment übersteigt die Nachfrage das Angebot, aber der Verdacht ist gross, dass die Sömmerungsbeiträge des Bundes die Hauptursache dieses Zustands sind; bevor sie eingeführt wurden, insbesondere Anfang der siebziger Jahre, gab es eine Zeitlang Alpen mehr als genug.   Das mag ein zusätzlicher Hinweis auf die Krise sein, in der die schweizerische Alpwirtschaft und die Landwirtschaft ganz allgemein steckt. Die Aussichten sind trüb: Die staatlichen Leistungen an die Bauern gehen zurück, mehr Wettbewerb ist angesagt, demzufolge sinken Preise und Einkommen. Aber für noch weiteres Ungemach ist im Berggebiet gesorgt. Seit es in den Talkäsereien aussieht wie im Spital und die Käser verpflichtet sind, ganz in Weiss den Fliegen hinterherzurennen, hängt ein grosses Fragezeichen über der Alpkäserei: Die neuen Hygienevorschriften zum Schutz der Molkereiprodukte sind in den einfacheren, nur im Sommer benötigten Alpbetrieben noch schwerer einzuhalten als im Tal; Sanierungen erfordern unverhältnismässig hohe Investitionen. Und seit die Veterinäre mit künstlicher Besamung und Embryotransfer der wilden Natur nachhelfen, droht nicht nur der Käserei, sondern auch der Viehzucht, dass sie ihren hohen Stellenwert für das Berggebiet verliert; für die Produktion hochwertiger Tiere braucht es die Kunst des Bergbauern und die gesunde Alpenluft nicht mehr.   Man weiss noch nicht, was das alles, auf die Korporation Sachseln bezogen, genau heisst. Doch heute rennen die Bergbauern atemlos zwischen Tal- und Alpbetrieb hin und her, rennen in die Höhe zum Melken, in die Tiefe zum Grasen, in die Höhe zum Hirten, in die Tiefe zum Ballenpressen. Dass sie den Schwierigkeiten Herr werden, ist ihre Hoffnung.

…us, *1940, Redaktor u.a. bei *Tages-Anzeiger*
… *Magazin*, Koautor des Buches
…er Schweiz – 7 Jahrhunderte am Urnersee»,
…5 freier Journalist in Immensee

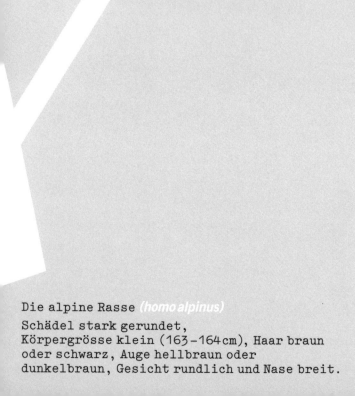

Die alpine Rasse *(homo alpinus)*

Schädel stark gerundet,
Körpergrösse klein (163–164 cm), Haar braun
oder schwarz, Auge hellbraun oder
dunkelbraun, Gesicht rundlich und Nase breit.

«Rundliches Gesicht, breite Nase»

— der homo alpinus

Die nordische Rasse *(homo europaeus)*

Sehr hohe Körpergrösse (im Mittel 173 cm),
blonde, gelegentlich rötliche Haare,
helle, meistens blaue Augen, länglicher, dolichokephaler Kopf,
Gesicht länglich, Nase vorspringend und gerade.

Christoph Keller **«Rundliches Gesicht, breite Nase» – der homo alpinus**

Es gibt ihn seit Anfang des 18. Jahrhunderts.   Seinen Auftritt in der Geschichte verdankt der *homo alpinus* dem Zürcher Stadtarzt und Gelehrten Johann Jakob Scheuchzer, der auf seinen geographischen, mineralogischen und botanischen Reisen durch die Alpen die Bewohner des «Europäischen Berggipfels» erstmals als besondere Spezies beschrieb. Die alpinen Menschen, so Scheuchzer, würden mitten ins europäische «Wasservorrat- und Provianthaus» hineingeboren, in eine arkadische Landschaft, die «uns zu unsrer Nahrung, Erhaltung und Lust, als Gärten, Felder und Wiesen» von Gott selber geschenkt worden sei. Für Johann Jakob Scheuchzer steht dabei ausser Frage, dass es diese Natur ist, die den Menschen generiert und ihm seine Art aufprägt.

Scheuchzer war nicht der einzige, der sich mit den Alpenbewohnern befasste. Alles Neue sei ihnen verhasst, erkannte der Schriftsteller Johannes Müller, «weil in dem einförmigen Leben der Hirten jeder Tag demselben Tag des vorigen und folgenden Jahrs gleich ist». Und der Forschungsreisende Philippe Sirice Bridel meinte gar, die Vernunft der Alpenmenschen «gleicht einem Kinde, das eben zu gehen anfängt und dem noch viele Entwicklung mangelt, um Mensch zu seyn».   Nicht besser erging es dem *homo alpinus* um die Wende zum 19. Jahrhundert, als manche Beschreibungen ins Idealisierende kippten und das Alpenleben zur totalen Naturidylle stilisierten, etwa in den «Wanderungen durch die Schweiz» von Karl Spazier, der unter anderem die Anhänglichkeit der Alpenbewohner für ihr Vieh hervorhebt: «Sie leben und schlafen mit ihnen zusammen, und oft hörte ich, wie sie mit wahrer Zärtlichkeit von einer Kuh sprachen.»   Einmal seine «ein wenig rohe & grobschlächtige» Art, ein andermal sein «rundes, ungezwungenes» Benehmen – beidemal tritt der *homo alpinus* als reines Naturprodukt auf, und das änderte sich kaum, als die ersten Anthropologen sich daranmachten, alle Bewohner der Schweiz mit wissenschaftlichen Methoden zu untersuchen.   Niemand hatte zu Beginn des 19. Jahrhunderts Schädel, Grabbeilagen und dergleichen zur Hand, um über den *homo alpinus* schlüssige Aussagen machen zu können, also blieb es bei Mutmassungen über die Frage, ob die Schweizer wohl als Nachbarstamm der Deutschen zu gelten hätten, ob die Urbewohner Rätiens etruskischer Herkunft seien. Erste archäologische Funde allerdings, die Aufschluss über körperliche Beschaffenheit, Gerät und Bauformen der Urbewohner der Schweiz hätten liefern können, wurden nicht in den Alpentälern gemacht, auch nicht auf Bergspitzen, sondern an Seeufern; und so fiel der *homo alpinus* erst einmal aus der wissenschaftlichen Traktandenliste.

Die Wissenschaft konzentrierte sich, seitdem im Jahre 1854 am Zürichsee bei Obermeilen Pfeilspitzen, Steinwerkzeuge und andere Gerätschaften gefunden wurden, ganz auf die Erforschung einer prähistorischen Zivilisation, die bald den Namen «Pfahlbauer» erhielt. Mit den Pfahlbauern war nicht nur ein offenbar äusserst geschicktes, seefah-

Die osteuropide Rasse *(homo vistulensis)*
Körpergrösse wenig hoch (163 oder 164 cm im Mittel),
Kopf ziemlich rund, Haare aschblond oder
flachsblond, gerade, Gesicht breit, quadratisch,
Nase oft aufgestülpt, Augen blau oder grau.

rendes, handeltreibendes Volk entdeckt worden, eine glückliche, prosperierende frühe Zivilisation, sondern man hatte für den noch jungen Bundesstaat eine willkommene Grundlage für ein Nationalgefühl gefunden: Die Pfahlbauer fanden sich am Bielersee, am Neuenburgersee, fast an allen Seen des Mittellandes. Allerdings gaben sie den Anthropologen einige Rätsel auf. Die neusteinzeitlichen Menschen schienen anthropologisch keineswegs homogen, es gab breitschädlige Typen, schmalschädlige und sonderbar verformte, und von einer Antwort auf jene entscheidende Frage, die damals alle europäischen Anthropologen plagte, war man weit entfernt: Zu welcher Rasse gehört mein Volk?   Um so heftiger schossen nationalistisch gefärbte Interpretationen ins Kraut. Die einen, beflügelt von der Rassenlehre eines Arthur de Gobineau, der die germanische Rasse über alles stellte, sahen in der urhelvetischen Bevölkerung mehr den germanischen Typus vertreten, andere betonten deren eigenständigen, unabhängigen Charakter.   Die «Rassenfrage» trieb manche um, auch einen Charles Ferdinand Ramuz, der in einer kulturpolitischen Debatte von welschen Gemeinsamkeiten mit der «savoyardischen Rasse» sprach, oder einen Conrad Ferdinand Meyer, der bekannte, dass er von einem «Stammesgefühl» mit den Deutschen innerlich «mächtig ergriffen» sei. Die staatspolitische Bedeutung der Rassenfrage brachte der Staatsrechtler Johann Caspar Bluntschli auf den Punkt, indem er schrieb, dass «der Gesamtwille des Volkes seine natürliche Grundlage in dem Gemeingeist der Rasse» habe. Aber auch der Bundesrat stellte sich dem Wettstreit der Rassen und erwarb 1884 eine Sammlung von Pfahlbauerschädeln aus Auvernier mit dem Argument, die Schädel stellten sich «durch ihre Kapazität, ihre Form und die Einzelheiten ihrer Bildung den besten Schädeln arischer Rasse an die Seite».   Doch den *homo alpinus* hatte bisher niemand dingfest gemacht. Dazu mussten die Anthropologen erst einmal die europäischen Rassen definieren. Unter den zahllosen Versuchen schwang jener des französischen Anthropologen Joseph Deniker obenaus. 1906 teilte er die Bevölkerung in sechs Rassen ein: in die nordische, osteuropide, ibero-insulare, alpine, litorale und dinarische.   Damit hielt die «alpine Rasse» Einzug in die wissenschaftlichen Lehrbücher, eine Rasse mit den Merkmalen «stark gerundeter Schädel», «geringe Körpergrösse», das Haar «braun oder schwarz, das Auge hellbraun oder dunkelbraun, das Gesicht rundlich und die Nase breit» und im übrigen «breitschädlig», so Joseph Deniker. Rasch wurde die Rasseneinteilung nach Deniker an den anthropologischen Anstalten in ganz Europa aufgenommen, auch an den Universitäten Zürich und Genf.   Gleichzeitig wurde die Thematik «Rasse und Nation» mit populärwissenschaftlichen Schriften und Büchern, vor allem mit dem 1899 erschienenen, krass rassistischen Werk Houston Stuart Chamberlains, über ganz Europa hinweg propagiert. Chamberlains Buch «Die Grundlagen des 19. Jahr-

Die ibero-insulare Rasse *(homo mediterraneus)*
Körpergrösse sehr klein (161 bis 162 cm im Mittel),
Kopf sehr lang, Haare schwarz,
manchmal gelockt, sehr dunkle Augen,
Nase gerade oder aufgestülpt.

hunderts» lieferte jenen Kreisen handfeste Argumente, die vom bevorstehenden Niedergang Europas, von der Zersetzung durch jüdische, aussereuropäische und slawische Elemente, überzeugt waren. In der Schweiz entstand eine sich avantgardistisch gebärdende, chauvinistische neue Rechte, welche behauptete, die Heimat werde «von Barbaren überschwemmt» (Gonzague de Reynold). Die Debatte erreichte im Jahre 1908 einen ersten Höhepunkt und machte den *homo alpinus* mit einem Mal zur wichtigen kulturpolitischen Frage. Anlass dazu bot eine Ausstellung impressionistischer Malerei in Zürich. In der Zeitschrift «Wissen und Leben» wurde sie als Ausdruck der wissenschaftlich belegbaren Tatsache kritisiert, dass die «europäischen Bewohner Frankreichs im Aussterben begriffen sind», während die «Mongoloïden und Negroïden» sich breitmachten. Das Hickhack zog sich über mehrere Nummern hinweg und bot etwa dem Advokaten Fritz Fick Gelegenheit zu bekennen, dass man in der Schweiz «neben negroiden Geistesentartungen noch genügend Geister germanischen Schlags hat», um daraus «einen tüchtigen modernen *homo alpinus* zu züchten». Nahtlos setzte sich die Debatte nach dem Ersten Weltkrieg unter dem Stichwort «Überfremdung» fort und führte nun zu einer eigentlichen Glorifizierung des *homo alpinus*, allerdings immer unter Bezugnahme auf den *homo germanicus*, der unzweifelhaft als der überragende erschien. Der Arzt und spätere Faschist Eugen Bircher beispielsweise schrieb, «dass auch unsere alpine oder dinarisch-ostische Rasse Kulturgüter hervorgebracht hat wie die nordische, und dass sie soldatisch von mindestens gleicher Qualität ist», während der einflussreiche Eduard Blocher betonte, dass in der Schweiz die «eingewanderten Nordeuropäer» mit ihrer «überragenden Mehrwertigkeit» aufgesogen worden seien «von der kleinen, rundköpfigen, dunkelfarbigen Gebirgsrasse, die vor ihnen im Lande gewohnt hat». Die Wissenschaft nun aber wollte es genau wissen, zumal neue anthropologische Arbeiten dem *homo alpinus* wiederum eher niedere Eigenschaften zuschrieben. Seine «Neigung zur demokratischen Gleichheitslehre ist darin begründet, dass er selbst in keiner Weise über die mittlere Höhe hervorragen will», bemerkte beispielsweise der deutsche Anthropologe Otto Ammon, und der spätere Liebling der faschistischen Anthropologie, Hans F. K. Günther, bemerkte unter anderem, den *homo alpinus* zeichne «eine gewisse Gehässigkeit aus, oft ein geradezu sich durch Nörgeln Luft machender gehässiger Trieb».

Der drängenden Frage, wie denn die Rassen in der Schweiz verteilt seien, wie gross unter anderem der Anteil des *homo alpinus* nun wirklich sei, wollte ein grossangelegtes Projekt der Universität Zürich auf den Grund gehen. Unter dem Titel «Anthropologische Untersuchungen an den schweizerischen Stellungspflichtigen» startete 1927 Otto Schlaginhaufen, Professor für Anthropologie, eine anthropometrische Erhebung: vierzehn Körpermasse, sieben beschreibende Merkmale wie Augenfarbe, Kopfform und Haarfarbe sollten an insgesamt 35 000 Männern bei der

Die dinarische Rasse *(homo adriaticus)*
Hohe Körpergrösse, extreme Brachykephalie,
braune Haare, Gesicht lang und schmal,
Augen dunkelbraun, feine, gerade oder konvexe Nase.

militärischen Aushebung abgenommen werden, samt Angaben über die soziale Herkunft, und jeder sechste sollte sich auch noch vor die Kamera setzen. Das Zusammenspiel von mehreren hundert Untersuchern und den militärischen Aushebungskommandos funktionierte perfekt, 1932 waren die Daten erhoben, und Otto Schlaginhaufen konnte sich an die Auswertung machen. Mit den Daten, betonte der Anthropologe, sollte zunächst einmal der «Normaltypus» des Schweizers erhoben werden, später aber könnten die Daten durchaus «für weitergehende, zum Beispiel sozial- oder rassenhygienische Forschungen bestimmt sein».   Mit seiner Forschungsarbeit, die ihm auch als «eine patriotisch wichtige Aufgabe» galt, rückte Otto Schlaginhaufen dem Mythos vom *homo alpinus* zu Leibe – mit den Mitteln der exakten Wissenschaft.   Erstmals stellte er seine Erkenntnisse über den «Längen-Breiten-Index der schweizerischen Stellungspflichtigen» 1935 am Bevölkerungspolitischen Kongress in Berlin vor, unter Hakenkreuzfahnen, mitten unter zackigen SS-Leuten und umgeben von seinen rassenhygienisch tätigen Kollegen. Sein Vortrag war eine Demontage der Vorstellung, wonach der *homo alpinus* den Alpenraum besonders stark besiedelt habe; prozentual nur wenige typische breitschädlige *homines alpini* hatte Otto Schlaginhaufen im Alpengebiet gefunden, und so sagte er, man müsse «die Vorstellung vom schweizerischen Alpengebiet als einer Hochburg der Brachykephalie [Breitschädligkeit] auf ein bescheidenes Mass zurückführen». Dass Otto Schlaginhaufens Erkenntnisse keinen grossen Widerhall fanden, hat damit zu tun, dass die deutsche Anthropologie im Taumel nationalistischer Vorstellungen nicht gewillt war, abweichende Meinungen zur Kenntnis zu nehmen.   Doch auch in der inländischen Diskussion blieb der Widerhall gering. Der Nationalsozialismus mit seiner Übersteigerung einer rassisch begründeten nationalen Identität mitsamt der Ausschaltung der «Minderwertigen», dem aggressiven Antisemitismus, war für die *classe politique* der vielsprachigen Schweiz kein gangbarer Weg; gleichzeitig aber konnte niemand die Existenz von «Rassen» in Abrede stellen. Ein Ausweg aus diesem Dilemma bot eine Argumentation, die zwar die Rasse als Faktum anerkannte, gleichzeitig aber feststellte, dass «das Konstante nicht die physischen Erscheinungen sind, sondern die in der Psyche des *genus humanum* verwurzelten geistigen Potenzen», wie der Berner Religionswissenschaftler Max Haller 1934 in einer Rektoratsrede festhielt. Diesen Weg der Abstützung auf das *genus humanum* beschritten auch die Organisatoren der Landesausstellung, die zwar vorschlugen, die «rassische Zusammensetzung» des Schweizervolkes an der Landi 1939 darzustellen, allerdings in ihrer «Vielgestaltigkeit», anhand «charakteristischer Schweizerköpfe», denn der «schweizerische Geist ist nicht aus der Rasse, nicht aus dem Fleisch» geboren.

So beschrieb Josef Reinhart 1940 in seinem Fotobuch «Schweizer Volkstypen» zwei Bauerntöchter aus Nidwalden

Die litorale Rasse *(homo atlanto-mediterraneus)*
Tendenz zur Mesokephalie,
mittlere Körpergrösse,
welche 166 oder 167 cm selten überschreitet,
sehr dunkle Augen und Haare.

als «häufigen Typus, den man fast als slawisch bezeichnen möchte», er sah in einem Entlebucher Bauer einen «ausgesprochen alemannischen Typus», in einem Fischer am Zugersee «alpenkeltische Vorfahren». Der Autor anerkannte, dass es «Rassen» gab, mokierte sich aber über die Wissenschaft («Wo liegen die Urkunden, die dem Anthropologen die Bestätigung seiner weisen Vermutung geben?»), er war ganz begeistert von der Völkervermischung («Welch eine Mischung! Welch ein Rassenkonzert!») und drehte das alles patriotisch: etwas «Altschweizerisches, etwas treuherzig Trautes, etwas gradlinig Schlichtes» spreche aus diesen Gesichtern.   Dass dieser «altschweizerische» Geist direkt der Landschaft entspringt, den Alpen, dem «Schweizer Boden», versuchte der Zürcher Geograph Emil Egli nachzuweisen. Seiner Vorstellung nach würden alle Menschen in der Schweiz «alpinisiert», es gebe eine starke «völkische Gestaltungskraft des Schweizer Bodens», zumal auch das Gebirge «konservierende Wirkung» habe – «was auf Schweizer Boden tritt, wird umgewandelt».   Wenn alle *homines alpini* werden, gibt es keinen besonderen Alpenmenschen mehr. Doch dieses bei allem völkischen Pathos revolutionäre Prinzip konnte sich nicht durchsetzen. Und so sah man nach dem Zweiten Weltkrieg wieder Scharen von Forschern, die dem Ursprung des *homo alpinus* auf den Grund kommen wollen, ungeachtet der Tatsache, dass Otto Schlaginhaufen in seinem Standardwerk «Anthropologica helvetica» den Anteil der reinen alpinen Rasse auf exakt 1,41 Prozent der Bevölkerung bezifferte. Allem voran den Valsern galt nun das Interesse der Forschung, dieser soziologisch, sprachlich und ethnisch relativ klar umrissenen Volksgruppe im Zentrum der Alpen. Man fuhr auch fort mit der rassenbiologischen Untersuchung sogenannter Isolate in den Schweizer Alpen, stets auf der Suche nach dem *homo alpinus.*   Bis heute wird nach ihm geforscht, nach dem, der so aussehen möchte wie der Ötztaler. Dem *homo alpinus* rücken die Forscher mit genetischen Methoden zu Leibe, mit modernen Grabungsmethoden, mit der C^{14}-Technik und mit einem nüchterneren Blick auf die prähistorischen Gegebenheiten, andere halten ihn als ideologisches Konstrukt aufrecht. Der Urner Historiker Anselm Zurfluh beispielsweise, der in seiner Dissertation über den Kanton Uri schrieb, es scheine richtig, am *homo alpinus* festzuhalten, als Gegenkonstrukt zum *homo urbanus.* Auch Christoph Blocher scheint an seine Existenz zu glauben, wenn er den «Selbständigkeitsdrang, den Widerspruchsgeist und eine gewisse Eigenbrötelei des Schweizers» beschwört.

Der *homo alpinus* lebt.

ph Keller, *1959, Studium der Rechtswissenschaften
nologie, Redaktor bei der *WochenZeitung,*
95 freischaffender Journalist und Autor in Basel.
tion zum Thema: «Der Schädelvermesser – Otto Schlaginhaufen –
ologe und Rassenhygieniker» (Limmat Verlag 1995)

Was ist für Sie der Kern der Schweiz?

Eine Umfrage von Beat Grossrie
Porträts von Christian Kän

min Rohrer, 15, Sekundarschüler, Sachseln

E SICHERHEIT. Bei uns gibt es nur wenig Gewalt, das Land
riedlich. Viel bedeutet mir auch die Natur. Ich fahre
dem Töffli oder mit den Eltern fast jede Woche aufs Älggi.»

Hans Gasser, 65, Landwirt und Älpler, Lungern

«DER FRIEDEN. Es ist wichtig, dass wir Frieden halten in der Schweiz und dass alle Leute genug zu essen haben. Ich habe den letzten Krieg miterlebt. Alles wurde rationiert, auch die Milch. Innerhalb der Schweiz geht es mit dem Frieden nicht schlecht. Gegen aussen muss die Schweiz aber schauen, wo sie in Zukunft bleibt. Wir sollten nicht der EU beitreten, da hat der Blocher recht. Die Landwirtschaft würde das nicht verkraften. Brüssel will die Schweiz bloss dabeihaben, weil wir ein guter Geldzahler sind.»

ert Rohrer, 55, Landwirt, Alpverwalter, Flüeli

IE ERHALTUNG. Solch unberührte Orte wie das Älggi gibt es bald keine mehr.»

Hanspeter Müller, 42, Schauspieler, gebürtiger Obwaldner, Züri

«DIE VERÄNDERUNG. Woher: Aus dem Nichts geboren. Wunschki
der anderen, der ‹Früheuropäer›. Jetzt: Angestaut. Lustgart
der Minderwertigkeitsgefühle. Vulkan im Wartsa;
Aorta wird gerade umgebaut. Bald: Die Schweiz ist nicht vorb
Aus einer Idee geworden, kann sie sich verändern

Johanna von Flüe, 85, ehemalige Älggi-Wirtin, Sachseln

«DIE ZUSAMMENGEHÖRIGKEIT. Geht man ins Ausland, hat man überhaupt nicht dasselbe Gefühl.»

Tom Reichmuth, 46, Arzt, Familienvater, Stiftungsrat «Sonne Schweiz», Steinen SZ

«DIE DEMOKRATIE. Das Schönste, was unser Land besitzt, ist das System der direkten Demokratie. Jeder kann sich mit Menschen zusammentun und mit Hilfe der Volksinitiative für eine gute Sache einstehen. Die Alp Älggi ist für mich ein identitätsstiftender Ort. Seit meinem ersten Besuch bin ich von diesem Flecken fasziniert. An Ausstrahlung übertrifft er als wahrer Mittelpunkt der Schweiz sogar das Rütli. Deshalb haben wir 1993 die Gründung von «Sonne Schweiz», unserer Organisation zugunsten der Sonnenenergie, dort abgehalten. Ich darf sagen, dass die Alp Älggi mein Leben entscheidend geprägt hat.»

Margrith von Flüe, 54, Älggi-Wirtin, Sachseln

«DIE FREIHEIT. In der Schule habe ich gelernt, dass wir frei sein wollen
wie unsere Väter. Heute sind wir noch frei, aber es ist ungewiss,
wie lange noch. Immer mehr Gesetze und Vorschriften engen uns ein.
Das nimmt mir manchmal die Freude an der Arbeit.»

Albert Rohrer, 74, «Wanderweg-Papst», Rentner, Wanderführer, Sachseln

«DIE TRADITIONEN. Bei Streit haben die Obwaldner schon immer gesagt: Schauen wir, wie es die Alten gemacht haben. Ihnen müssen wir danken, denn ohne ihr Schaffen wären wir nie so weit gekommen.»

ina Berger, 29, Miss Schweiz 1988, Fotomodell, Agentin, Mutter, Zürich

E QUALITÄT. An der Schweiz schätze ich den guten Ordnungssinn,
Pünktlichkeit und feine Küche. Alles, was das tägliche Leben
macht, ist von guter Qualität. Auf der Alp Älggi war ich nur dieses
e Mal 1988, als mich der *Blick* mit einem Heli hinaufflog und
os machte von mir als ‹Miss Schweiz im Mittelpunkt›. An den Flug
nere ich mich noch gut, von der Alp weiss ich nicht mehr viel.»

Kurt Sigrist, 55, Kunstschaffender, Familienvater, Sarr

«DIE MULTIKULTURELLE VIELFALT. In der Schwei
Gebirgslandschaft werden Wasserscheider
Mentalitätsgrenzen. Wasser fliesst in alle Himme
richtungen: nach Italien, Frankreich, Deutschla
und Österreich. Über Generationen haben s
gegenläufig dazu Sprache, Zivilisation und Kul
durch die Täler hochgearbeitet. Das tägliche Pulsie
in beiden Richtungen ergibt diese Vielfalt,
jedoch an der Grenze nicht haltmac
Schon als kleiner Junge verbrachte ich viel 2
im Älggi, da mein Vater die ‹Älggi-Post› betri
Er transportierte mit seinem eigenhändig umgebau
Lastwagen alles Notwendige für die Älpler und f
Gasthaus, Gäste und manchmal sogar Vi
1968 lebte ich einen Sommer lang in einer Alphi
im Seefeld oberhalb Älggi. Der magische
wurde zu einem Treffpunkt junger Kunstschaffenc
Verschüttete Mythen lebten auf, und wir
kannten, wie die archaische Zivilisation mit
Urnatur eine Symbiose eingeht. Diese n
künstlerische Haltung fasste bald
‹Innerschweizer Innerlichkeit› in der dan
aktuellen Schweizer Kunst Fuss. Inzwischen s
meine Besuche auf der Alp selten geworde

ephan Bartholdi, 26, Netzwerk-Ingenieur, Minenwerfersoldat, Künten AG

AS ZUSAMMENLEBEN. Wir haben in der Schweiz vier Sprachgruppen.
enn man die Dialekte auch zählt, ist unsere Vielfalt einmalig. Trotzdem kommen
r nicht schlecht miteinander aus. Letzten Sommer bin ich für eine Schiess-
ung erstmals aufs Älggi gekommen. Ich habe vorher gar nicht gewusst,
ss der Mittelpunkt der Schweiz da oben liegt – an einem so idyllischen Ort.»

Christian Känzig, *1952, Ausbildung an der Fachklasse für Fotografie
der Schule für Gestaltung in Zürich, freischaffender Fotograf in Zürich,
Zusammenarbeit mit den Agenturen Das Fotoarchiv und Black Star

Ursi Schachenmann **Über die Mitte**

Das Problem begann am sechsten Schöpfungstag. Da schuf Gott den Menschen, und weil sich dieses Wesen sonst kaum vom Tier unterschieden hätte, bekam es eine Seele eingepflanzt. Als der solchermassen kompliziert ausgestattete Mensch die irdische Ebene betrat, begann auch seine Suche nach der Mitte. Denn gross war die Welt, weit und unüberschaubar mit ihren Richtungen und Gegenden unter dem unergründlichen Gewölbe, das sich über ihr spannte. Ohne räumliche Ordnung fehlte es dem Menschen an festen Orientierungspunkten, auf die sich seine Wege beziehen könnten, die seiner Seele Halt und Ruhe geben würden. So entstand nach und nach ein ordnendes System, indem alle Völker ihr eigenes Land – als Koordinatennullpunkt sozusagen – in die Mitte der Welt setzten. «Ganz wie das Herz, das sich in der Mitte des Körpers befindet, ist das Land Iran kostbarer als alle anderen Länder, weil es in der Mitte der Welt liegt.» So sahen sich die alten Iraner, und auch den Chinesen war ihr Reich Mitte der Welt. Das griechische Weltbild sah alle anderen Länder um Hellas gruppiert und vom grossen Okeanos zusammengehalten. Innerhalb dieser Gebiete legte man das Zentrum der Welt noch genauer fest: Delphi zum Beispiel, der Tempelberg von Jerusalem, der Kaiserpalast in Peking, die Inka-Stadt Cusco, die Kaaba in Mekka ...

Eine seltsame Mystik weht um den scheinbar simplen Begriff der Mitte. Versucht man sich dem Wort zu nähern, bläht es sich bis zum Platzen mit Pathos auf: So sehr hat es sich im Verlauf der Menschheitsgeschichte symbolisch und metaphorisch aufgeladen, dass man vor lauter Mitte den Rand kaum noch sieht. Mittelpunkte, soweit man blicken und denken kann. Doch Systematik kennt die Mitte keine. Wer nach ihr sucht, wendet sich gegen lineare Erklärungen und betont statt dessen das Einkreisen, bewegt sich sozusagen auf einer Umlaufbahn und landet dabei nicht selten in einem Labyrinth.

Als Symbol für das Zentrum der Welt kommen in allen Kulturen die Säule, der Baum oder auch der heilige Berg vor. Als «Weltachse» tragen sie das Himmelsgewölbe und verbinden die drei kosmischen Ebenen Unterwelt, Erde und Himmel. Bei den Mayas wurde das Universum durch vier Kreise oder Kugeln dargestellt, ein kosmisches Quadrat, das sich um einen fünften Kreis in der Mitte gruppiert. Es symbolisiert vier Götter, die sich im Mittelpunkt zu einer Gottheit vereinigen. Das Prinzip des kosmischen Quadrats wiederholt sich später auch in christlichen und islamischen Sakralbauten. Die vier Bereiche stehen für die vier Weltrichtungen; der nach Osten ausgerichtete Altar oder die Gebetsnische ist das Paradies. Ihm gegenüber befindet sich der Westen als beklagenswerter Ort der Finsternis und des Todes.

Mit einer bestechend einfachen Idee der Mitte behalfen sich zahlreiche Nomadenvölker. Der Religionswissenschaftler Mircea Eliade berichtet von einem australischen Stamm, den Achilpa, deren Gottheit Numbakula einen «heiligen Pfahl» aus dem Stamm eines Gummibaums fertigte. Die Gottheit habe

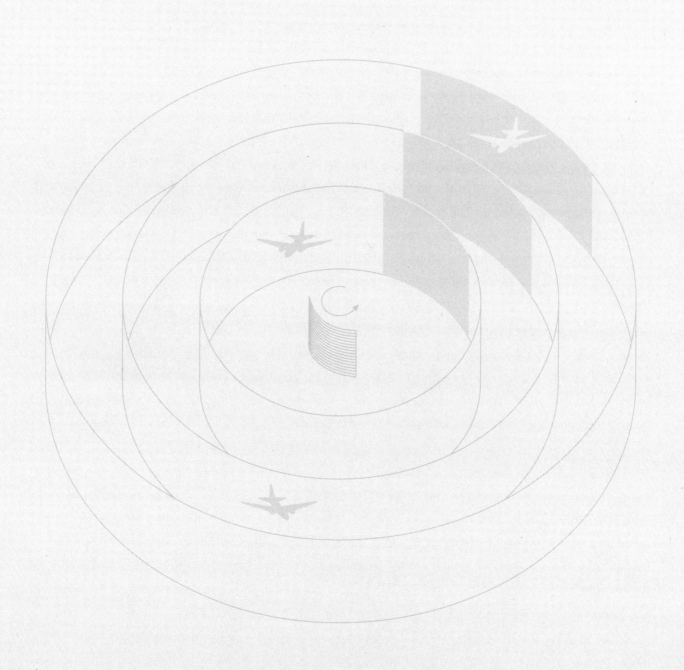

den Pfahl mit Blut gesalbt, sei an ihm hinaufgeklettert und im Himmel verschwunden. Erst um diese «Welt-achse» herum wurde das Land fruchtbar und damit bewohnbar. Auf ihren Wanderungen nahmen die Achilpa den heiligen Pfahl mit und bestimmten je nach seiner Neigung die Wegrichtung. So oft sie auch den Ort wech-selten, immer blieben sie in ihrer Welt. Sie nahmen ihre Mitte mit und fielen auf diese Weise nie aus ihr her-aus. Die ortsgebundene Verankerung des Zentrums erweitert sich in der Antike zum Philosophischen. Die Mitte der Antike ist die Polis, die Stadt: nicht nur die gebaute, sondern auch jene im Sinne von Gemeinwesen. Sie garantiert, was die alten Griechen *méson* nannten, was soviel heisst wie das Mitt-lere, Mässigung, Ort der Vermittlung. *Méson* befähigt den Menschen, Konflikte zu lösen. Durch sie ist er in der Lage, bei öffentlichen Auseinandersetzungen zu schlichten, zu streiten und zu argumentieren. Was daraus resultiert, ist Gelassenheit und die Fähigkeit, das Gleichgewicht zu wahren. Nicht nur die innere Balance, son-dern auch jene zwischen Aussen und Innen, dem Privaten und dem Öffentlichen, der Überzeugung und der Selbstkritik. Hippokrates strich das Harmonische dieser Mittellage zum Beispiel in seinen Betrachtungen über Asien und Europa heraus. In Asien herrsche ein Gleichgewicht aller Kräfte, weil die Länder gegen Morgen, in der Mitte der Sonnenaufgänge, lägen und somit zwischen den beiden Extremen Kälte und Hitze: «Es sind aber auch in Asien die Gegenden nicht alle gleich, das Land, das in der Mitte zwischen Wärme und Kälte liegt, ist das fruchtbarste und hat die schönsten Bäume und das beste Klima und die schönsten Wasser vom Himmel und aus der Erde.» Die Erscheinungsformen der antiken Mitte erfahren im christli-chen Mittelalter eine radikale Veränderung. In der Mystik wird die totale Verinnerlichung der Mitte vollzogen. Der christliche Mensch findet in der geistlichen Zentrierung den Sinn seines Daseins. Man lebt in Düsternis, übt sich in Frömmigkeit und hofft auf Erleuchtung. Das Weltgefühl jener Zeit beruht auf dem ptolemäischen System, das die Erde als Zentrum des Universums sieht. Diese geozentrische Betrach-tungsweise verliert ihre Gültigkeit erst durch die Entdeckung von Kopernikus, der die Sonne als den ruhenden Pol im Universum erkennt. Mit Kolumbus dann rundet sich die Erdoberfläche definitiv zur Kugel, und entspre-chend gibt es auf ihr keine ausgewiesene Mitte mehr. Diese beiden Ereignisse verändern die räumliche Orientie-rung im menschlichen Dasein radikal. Man kann jetzt nicht mehr mit der gleichen naiven Sicherheit den Sitz des eigenen Volkes für die Mitte der Welt halten. Es gibt keinen sichtbaren Halt mehr, was die Stellung des

Menschen auf der Erde erbarmungslos relativiert. Die Welt präsentiert sich wieder als ein unentwirrbar ineinander verflochtenes Gebilde. Den Verlust dieses geozentrischen Denkens versucht die Neuzeit auszugleichen, indem sie die Mitte in der Philosophie und Literatur, in der Architektur und bildenden Kunst neu zu orten sucht. In der Physik sorgt Newton für die Bestimmung der Mitte durch seine Entdeckung der Gravitation: Wenn schon die Erde nicht Mittelpunkt des Universums ist, so erweist sich doch ihr eigener Mittelpunkt als eine ordnende Kraft. Die eigentliche Kompensation des verlorenen Weltgefühls aber erfolgt im Bereich der Politik, besonders ausgeprägt im Absolutismus, wo durch die Machtzentrierung Mitte inszeniert wird. Eine Dimension der Macht, wie sie Machiavelli begründet: Abkehr von der christlich-metaphysischen Staatstheorie zur totalen staatlichen Machterwerbung und -erhaltung. Die Aufgabe dieser machiavellistischen Mitte ist es, den Staat auf dem höchsten Punkt seiner Machtentfaltung zu stabilisieren. Im absolutistischen Staat spiegeln Architektur und Städtebau, was ihre Herrscher unter Mitte verstehen: einen Ort der Selbstdarstellung. «L'état c'est moi», wie sich der Sonnenkönig, Louis XIV., ausdrückte. Mit der Mitte verbindet man fortan den Palast und – als dessen Zentrum – den Thron. So wie den Altar in der Kirche, die ihrerseits ja wiederum im Dorf- oder Stadtzentrum steht. Erst in der Aufklärung findet der Begriff der politischen Mitte zur antiken Humanität zurück. Wenn für die traditionsgebundenen Gesellschaften die Übereinkunft der Mitte durch sichtbare Symbole erfolgte, schaffen sich die Menschen der Neuzeit ihre individuelle und kollektive Mitte, die ihren Ausdruck in der steigenden Bedeutung des Raums und insbesondere des Wohnens findet. Nach Otto Friedrich Bollnow, der die Bedeutung des Raums für den Menschen phänomenologisch untersucht hat, braucht jeder Mensch eine Mitte, in der er im Raum verwurzelt ist und auf die sich alle seine Verhältnisse beziehen. «Das ist der Ort, wo er in seiner Welt wohnt, wo er zu Hause ist und wohin er immer wieder heimkehren kann. Sein Haus wird zur konkreten Mitte seiner Welt.» Durch einen Umzug in ein neues Haus oder in ein anderes Quartier gruppiert sich diese Ordnung wieder neu. Die Zentren verschieben sich zwar, aber immer nach demselben System. Die Kette der Verweisungen ist unendlich: das Zimmer, das Haus, das Dorf, auf das Dorf folgt die Stadt, die grössere auf die kleinere usw.

Gibt es einen Ort für den einzelnen Menschen, bei dem diese Kette endet? Bollnow spricht von einem «dunklen Gefühl einer solchen überindividuellen Mitte, die nicht mit der Lage unseres eigenen Hauses zusammenfällt, deren Lage allerdings irgendwie unbestimmt bleibt». Die Modemacherin Christa de Carouge sagte in einem Bericht über ihren Wohnraum: «Dieser Raum ist gewissermassen mein Herz, von dem alles ausgeht, was ich tue.» Und der Lyriker Octavio Paz schreibt in seiner Suche nach der Mitte: «Mitte der Welt ist jedes Zimmer.» Paz sucht sie in den Städten, wo er allerdings nur auf Öde stösst. Seine Gedichte verdeutlichen, warum wir die Mitte brauchen: als einen Ort, der Identität stiftet und Integration ermöglicht, innere Ruhe schafft.   Mitte schaffen und ausfüllen. Unsere Mitte, wie immer sie geartet sei, ist angefüllt und ausgefüllt. Es fällt unserem okzidental geprägten Verständnis von Mitte überaus schwer, sie uns als etwas Unbesetztes, Leeres vorzustellen. Leere erzeugt in unserer Kultur einen geradezu zwanghaften Gestaltungstrieb. Keine Stadt, kein Dorf, deren zentrale Orte nicht mit schmückendem Gerümpel verstellt sind, das ihnen jene Grosszügigkeit nimmt, die zuweilen so wohltäte. Wohnungen werden mit Möbeln und Pflanzen vollgestopft. Leere Räume gelten als ungemütlich, und beim Betrachten einer weissen Wand befällt uns ein Gefühl der Verlassenheit. Chinesen und Japaner hingegen verehren mit Laotse die Leere, das Nicht-Tun. Sie konzipierten ihre Städte als leere Orte, setzten leere Zeichen in Form von schlichten Tempelbauten, den Menschen verbotene Zonen inmitten des städtischen Trubels. Diese leere Mitte galt als heilige Stätte, und es lag an den Menschen, diesen meditativen Zentren einen Sinn zu verleihen. So, wie in buddhistischen Mandalas das Zentrum immer leer bleibt. In der Mitte entsteht die Stille.   Man muss die Extreme erfassen, um die Mitte zu finden. Sie definiert sich von den Rändern her, nicht aus sich selbst heraus. Das Orten der Mitte heisst im Dazwischen Position beziehen. Politisch drängt in die Mitte, wer sich als mehrheits-

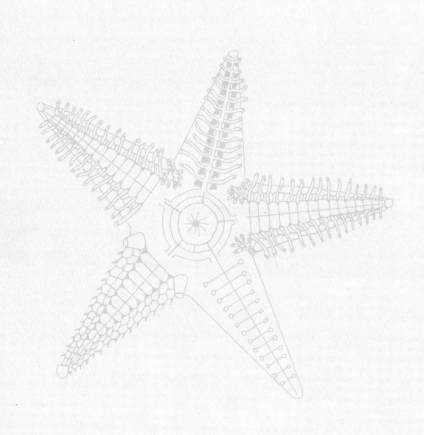

fähig ausweisen will. Die Mitte ist, gesellschaftlich wie politisch, eine überaus respektable Position, aber zuweilen haftet ihr etwas Abgestandenes, Mittelmässiges an. Wer sich seine irdische Residenz in temperierter Mitte einrichtet, setzt sich nicht selten dem Vorwurf des Mittelmässigen aus. Dies macht deutlich, wie sehr sich die Mitte aus individuellen und gesellschaftlichen Bedingungen ergibt. Sie ist nichts Vorgegebenes, sondern eine geistige und seelische Leistung.   Was die Lage eines Menschen im Raum der Welt ausmacht, entzieht sich in der Regel seiner Einflussnahme. Nur die eigene Schwere erinnert uns an die Schwerkraft, die uns wie ein Lot mit dem Mittelpunkt der Erde verbindet. Ob es uns ins Zentrum der Gesellschaft geschlagen hat oder an dessen Rand, hat das Schicksal entschieden. Aus der Perspektive, die sich daraus ergibt, entsteht ein individuelles Weltgefühl. Es zerschneidet die Welt in Rechts und Links, Oben und Unten. Genauso wie in jenen Atlanten, die nicht nur unser Europa im Zentrum zeigen, sondern auch jeden anderen Kontinent. Was für die einen im Zentrum war, findet sich plötzlich am geographischen Rand der anderen wieder. So ist die Mitte beschaffen. Ein metaphysischer Spuk? Ein irdischer Geist vielleicht? Einer womöglich, der ständig unterwegs ist zwischen den Polen und in der Mitte für eine Weile innehält, so dass man ihn spüren könnte? Dann wäre ein Kunststück vollbracht.

achenmann, *1952, Studium der Publizistik
chule für Angewandte Linguistik SAL Zürich,
in und freischaffende Autorin in Zürich

Ein Loblied anstelle eines Nachworte
von Hanspeter Müll

Ode an **OW**

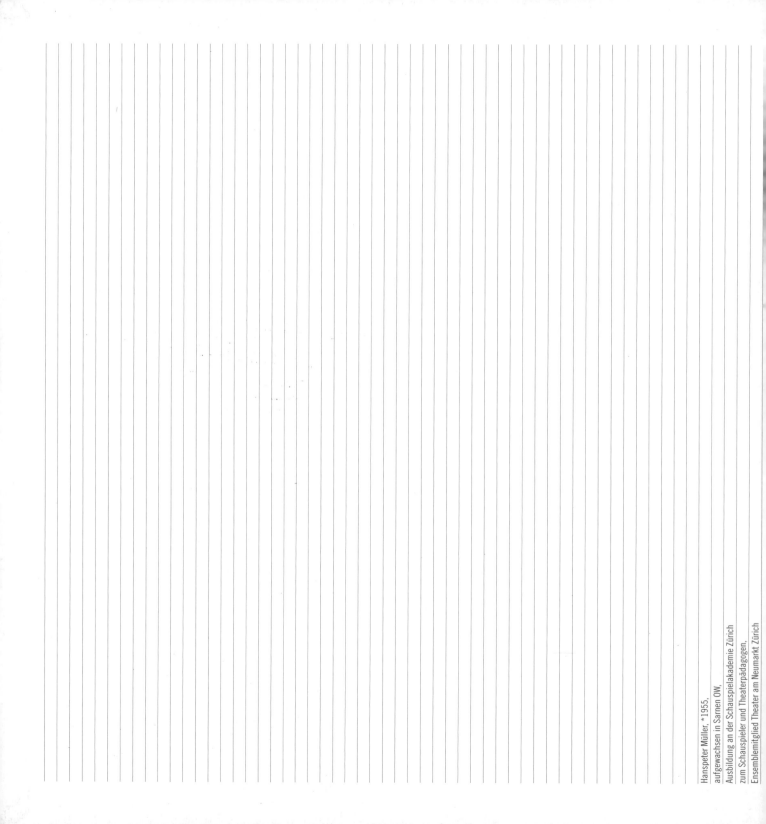

Hanspeter Müller, *1955,
aufgewachsen in Sarnen OW,
Ausbildung an der Schauspielakademie Zürich
zum Schauspieler und Theaterpädagogen,
Ensemblemitglied Theater am Neumarkt Zürich